CORRIE TEN BOOM

Cada Nuevo Día

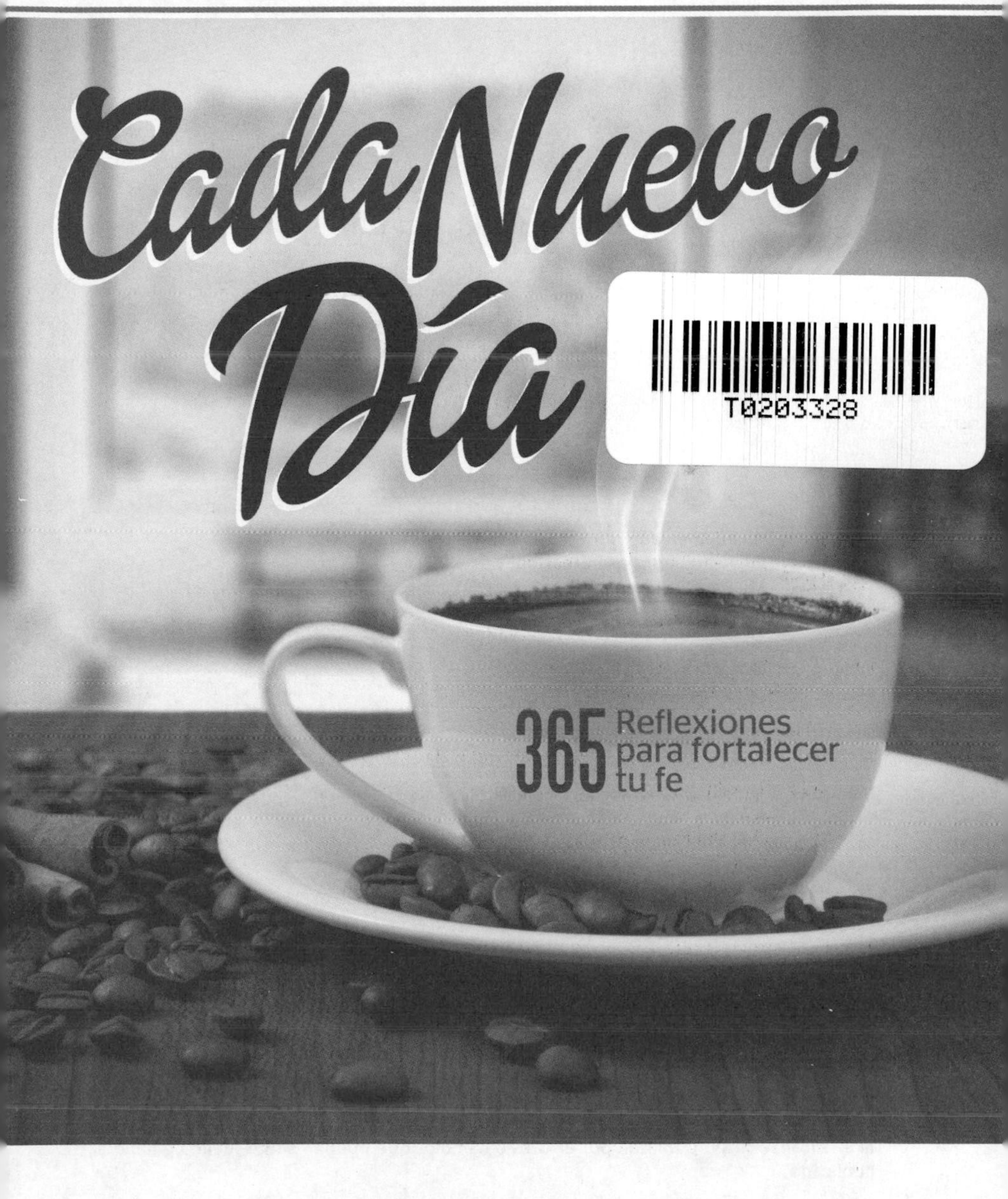

365 Reflexiones para fortalecer tu fe

Para vivir la Palabra

MANTÉNGANSE ALERTA;
PERMANEZCAN FIRMES EN LA FE;
SEAN VALIENTES Y FUERTES.
—1 CORINTIOS 16:13 (NVI)

Hasta la unidad por Francis Chan
Publicado por Casa Creación
Miami, Florida
www.casacreacion.com

ISBN: 978-1-941538-05-0
E-book ISBN: 978-1-955682-06-0

Desarrollo editorial: *Grupo Nivel Uno, Inc.*
Adaptación de diseño interior y portada: *Grupo Nivel Uno, Inc.*

Publicado originalmente en inglés bajo el título:
Each New Day
Baker Publishing Group,
Grand Rapids, MI 49616.

Nota de la editorial: Aunque el autor hizo todo lo posible por proveer teléfonos y páginas de internet correctos al momento de la publicación de este libro, ni la editorial ni el autor se responsabilizan por errores o cambios que puedan surgir luego de haberse publicado.

Impreso en Colombia

23 24 25 26 27 LBS 9 8 7 6 5 4 3 2

Contenido

Prólogo 5
Prefacio 8
Unas palabras de Corrie 12

Enero 13
Febrero 31
Marzo 47
Abril 65
Mayo 81
Junio 99
Julio 117
Agosto 135
Septiembre 153
Octubre 171
Noviembre 189
Diciembre 205

Acerca de la autora 222

Corrie ten Boom con Pamela Rosewell Moore en San Francisco, 1977.

Prólogo

Está bien que yo escriba unas palabras preliminares para Corrie ten Boom, porque después de todo, ella hizo lo mismo por mí en 1974. Fue para mi segundo libro, *The ethics of smuggling*, que escribí en respuesta a todas las preguntas de los que habían leído mi primer libro, *God's Smuggler*. Como introducción, Corrie empezó diciendo: «Siempre hay un lugar especial en mi corazón para mi hermanito, Andrew. Y creo que la razón es que él hace muchas cosas que a mí me habría gustado hacer».

De modo que corresponde que yo comience con estas palabras: siempre habrá un lugar especial en mi corazón para mi hermana mayor, tanto mayor, Corrie. Hizo muchas cosas que a mí me habría gustado hacer. Y hoy está en un lugar en el que me gustaría estar, aunque no demasiado pronto. Tengo ochenta y cuatro años al momento de escribir estas palabras y por la gracia de Dios espero tener unos años más de ministerio por delante.

Echo de menos a Corrie, que fue a casa a estar con Jesús en 1983. Vivimos juntos tantas aventuras. Me acuerdo en particular de nuestro ministerio en Da Nang, Vietnam, poco después de que aterrizara el ejército norteamericano. Corrie se alojaba en la Escuela Bíblica WEC, justo al lado de la pista aeronáutica más grande de esa parte de Asia.

Hubo muchas mañanas en que literalmente se estremecía por el terrible ruido de los aviones que despegaban y aterrizaban durante toda la noche a causa de algún bombardeo. Es que eso le recordaba mucho a la Segunda Guerra Mundial. Entonces yo oraba con ella, y se calmaba y podía trabajar. Pero los recuerdos de cómo su familia había ocultado a los judíos, y su arresto y encierro en el campo de concentración de Ravensbrück, siempre surgían en el momento menos esperado. Corrie sobrevivió. Su hermana Betsie murió en Ravensbrück. Corrie relató toda la historia en *El refugio secreto*.

Ahora, vayamos a un lugar más feliz. Después de haber viajado por el mundo relatando su historia y presentando el reto de seguir a Jesús, Corrie volvió a casa para «retirarse». Compró una casa en Haarlem, a pocos kilómetros de donde solía vivir su familia cuando ocultaban a los judíos. Esa fue su primera casa propia. La visité un día y admiré los lindos muebles, los magníficos relojes que su padre solía reparar, el bello jardín. Y señalando ese jardín comenté, casi al pasar: «Corrie, Dios es bueno contigo».

Corrie respondió enseguida, y con convicción: «Dios también fue bueno cuando murió Betsie. ¡Dios *siempre* es bueno!».

Como lo muestra este libro, el espíritu de Corrie, profundamente devocional, le permitía dar testimonio con gran coraje. La historia que me contó sobre la prédica en una catedral de Alemania oriental muestra qué espíritu tenía. La iglesia estaba repleta ya antes de que comenzara el servicio oficial, y miles de personas se quedaron afuera, de pie. Corrie no podía soportar la idea. Por supuesto, se trataba de un país comunista, por lo que la predicación se limitaría solo al interior del edificio de la iglesia. ¡Pero no sería así con Corrie! Caminó decidida a la oficina del alcalde y dijo: «Necesito altoparlantes para que toda esa gente que quedó fuera de la catedral pueda oír». Ya podemos imaginar la reacción del alcalde.

Corrie no cedió:

—Usted sabe que Jesús es el Vencedor ¿verdad? —dijo Corrie, sin duda refiriéndose a las raíces cristianas de este hombre en su infancia.

—Eh... sí, supongo que sí.

—¡Entonces ya sabe qué tiene que hacer!

No pasó una hora siquiera antes de que instalaran los altoparlantes fuera de la catedral. Media ciudad oyó predicar a Corrie ese día. Así es el coraje que surge de la fe, al saber que la causa es justa. Estaba decidida a proclamar la verdad, y luchó por ese privilegio.

Hoy se habla demasiado y se actúa poco. Bueno, cambiemos eso. Sigamos el ejemplo de Corrie y actuemos para demostrar nuestra fe ante un mundo que necesita ver lo potente que es en realidad nuestro Dios. Este devocional nos ayuda a entender quién era Corrie, porque muestra el poder que hay detrás de lo que predicó.

Un día, Corrie estaba hablando en una iglesia de Berlín oriental, en una reunión a la que habían asistido principalmente pastores. Cuando sus palabras de inspiración cerraban ya su discurso, se ofreció a terminar la reunión respondiendo preguntas. Un pastor se puso de pie y en tono muy serio dijo:

—Señorita ten Boom ¿no piensa usted que las mujeres debieran guardar silencio en la iglesia?

La tensión se hizo notar de inmediato. Bien erguida y con el rostro radiante, Corrie le contestó:

—¡Aleluya, *nein*!

A partir de entonces, en Alemania oriental comenzaron a llamarla con afecto «Aleluya Nein».

Así, en honor al espíritu de Corrie, declaro: este es el nuevo libro devocional para todos. ¡Aleluya, sí!

HERMANO ANDRÉS
OCTUBRE DE 2012

Prefacio

Una mañana de abril de 1976 abordé un avión con Corrie ten Boom. Sería el primero de muchos vuelos como compañera de viaje de esta mujer. Yo era joven y ella tenía ya ochenta y cuatro años. Puedo verla todavía en mi memoria, con su abrigo de lana del mismo color que sus ojos y el cuello de piel color plata, haciendo juego con su cabello canoso.

Sentí aprehensión mientras el avión despegaba hacia los Estados Unidos. *¿Qué resultará de asistir a esta leyenda que me lleva cincuenta años?*

Ya había tenido algunas pistas. La reciente publicación de *El refugio secreto* de la tante [tía] Corrie, y la presentación de la película del mismo nombre, habían dado como resultado muchas invitaciones y compromisos para que hablara en distintos lugares. Yo la acompañaba. Eran reuniones grandes, pequeñas, en prisiones, escuelas, salas de estar, estadios y centros de convenciones. Sin embargo, yo era introvertida y me abrumaba la presión del público. Pero la tía Corrie era muy extrovertida y disfrutaba de cada minuto. Era una maestra de la comunicación, incansable, que disfrutaba de su trabajo y entendía a los distintos públicos y la época en que vivíamos.

Mientras volábamos ese día, la tía Corrie empezó hacerme sentir cada vez más bienvenida a su mundo, necesaria, amada. Me pidió que la ayudara con sus charlas y sus libros, para que siempre se supiera que Corrie ten Boom estaba «detrás de la cruz».

Me dijo:

—La gente tiene que ver al Señor Jesús, no a mí.

Cuando confesé que me parecía que los viajes constantes y las multitudes eran tal vez demasiado, me animó citando un versículo cuya verdad yo iba entendiendo cada vez más, y que marcaba su forma de vivir la vida: «Mi vida entera está en tus manos» (Salmo 31:15a).

—Nuestros tiempos están siempre en Sus manos —me dijo entonces—. Y eso incluye los momentos difíciles.

A principios de 1977, cuando la tía Corrie tenía casi ochenta y cinco años, su corazón empezó a fallar. El 28 de febrero, exactamente treinta y tres años después de que la arrestaran los nazis por haber salvado las vidas de los judíos en su casa de los Países Bajos, se mudó a una casa que había alquilado en Placentia, California. Sin embargo, dijo con firmeza que «no se retiraba». La tía Corrie tenía pensado terminar varios manuscritos de libros que tenía pendientes en distintas etapas. Y lo hizo. Pero le dio prioridad a un nuevo proyecto.

Se sintió muy contenta cuando su editor, Fleming H. Revell, la invitó a emprender la escritura de un devocional diario. A pesar de que su corazón latía cada vez más despacio, trabajó con avidez y gran dedicación, preparando 365 breves mensajes para *Cada nuevo día*. Escribía a mano y me entregaba pilas de páginas con mensajes para cada día, que yo transcribía a máquina y enviaba a la editorial después de que la tía Corrie los revisara con atención.

Un día fui testigo de su espíritu abierto al aprendizaje.

—¿Estoy cubriendo una cantidad suficiente de temas? —me preguntó—. ¿Me ha quedado en el tintero algo importante?

Se me ocurrió que había mucho énfasis en el trabajo (que le encantaba) y que hacía falta equilibrio.

—¿Qué tal si escribes algunos mensajes especialmente centrados en la gracia, tía Corrie? —sugerí durante la siguiente sesión de trabajo.

—Tienes razón. Escribiré sobre la gracia ahora mismo —dijo.

Y se sentó ante su escritorio con vista al patio. Su disposición a humillarse fue un ejemplo conmovedor para mí, otra razón para amarla más cada día.

En el verano de 1977, la editorial recibió el manuscrito de *Cada nuevo día*. Poco después, le diagnosticaron un bloqueo cardíaco a la tía Corrie, y le pusieron un marcapasos. Como asistente, una de mis tareas fue la de verificar que el marcapasos produjera el ritmo cardíaco correcto. Así era siempre: 72,4 latidos por minuto. La salud y energía de la tía Corrie mejoraron.

Fue en esa época en que tomé del armario una copia de cada uno de sus libros. Eran casi veinte títulos diferentes. Le pedí que me escribiera una dedicatoria, y se entretuvo asignándole a cada libro algún aspecto de mí como su asistente. Escribió:

Para Pam, mi compañera de equipo.
Para Pam, mi compañera guerrera de oración.
Para Pam, mi chofer.
Para Pam, mi maestra de inglés [El refugio secreto].
Para Pam, mi tesorera.
Para Pam, mi compañera vagabunda.

Cuando llegó finalmente el libro terminado de *Cada nuevo día*, la tía Corrie exclamó lo mismo que decía cada vez que recibía la primera copia de alguno de sus libros: «¡Ha nacido un bebé!». Celebramos tomando café con bizcochos, y la tía Corrie me dedicó también este libro: *Para Pam, inspectora de mi marcapasos.*

Hacia fines del verano de 1978, llevaba viviendo en la casa alquilada unos dieciocho meses. Una mañana entré en su dormitorio y la tía Corrie que vi parecía muy distinta a la que me había deseado buenas noches el día anterior. Se veía enferma y no podía responder a mis preguntas. En el hospital supe que en algún momento de la noche un ataque cardiovascular había silenciado a esta mujer talentosa, paralizando parcialmente su lado derecho.

Volvió a casa un par de semanas después, pero jamás recuperó su poder de comunicación. Durante los cinco años siguientes no pudo hablar de manera funcional. Ni leer, ni escribir. También se veía impedida para comprender la mayoría de las cosas, pero logré reconocer esos momentos en que por alguna razón su entendimiento mejoraba. Era entonces que le leía de este libro que sigue a este prefacio: *Cada nuevo día*. Ella me miraba los labios con esos ojos azules y escuchaba con toda la concentración que le era posible.

Los mensajes simples y breves del devocional de cada día eran lo que el Señor usaba para darle ánimo incluso a la tía Corrie. ¿Cómo podría yo explicar lo que hacían por mí también?

Fue a lo largo de esos lentísimos cinco años de su enfermedad que yo solía contrastar el silencio del dormitorio de la tía Corrie con el bullicio, la presión y el ajetreo de esos primeros años que había compartido con ella. Esa comunicadora introvertida ahora estaba en un mundo de silencio, y la asistente extrovertida que prefería la quietud, muchas veces tenía que admitir que sentía desaliento.

Una y otra vez, recordé el versículo del Salmo 31 que había usado la tía Corrie para darme ánimo en esos días de tanta actividad cuando viajábamos: *Mi vida está en sus manos*. Con frecuencia yo se lo repetía, añadiendo siempre, como lo había hecho ella: «incluso en los momentos difíciles». Podía ver, por su manera de responder, que la tía Corrie muchas veces entendía. Sabía que no recibía esas palabras con autocompasión ni lamentándose de nada. Eso, nunca. De hecho, su espíritu de paz y aceptación me daba paz y esperanzas.

Desde que Corrie ten Boom se fue, el día de su cumpleaños número noventa y uno, en abril de 1983, se ha reimpreso este libro más de quince veces. Me encanta esta bella y nueva edición que conmemora el vigésimo quinto aniversario de su primera impresión. Cada nuevo día, nuestros tiempos están en manos de Dios, nuestra vida con sus días buenos y malos. Como nos enseñó Corrie ten Boom, y como descubrirá quien lee este libro también, sus manos son el lugar seguro, y su naturaleza solo es de bondad y amor.

PAM ROSEWELL MOORE
WAXAHACHIE, TEXAS 2003

Unas palabras de Corrie

Aquí tienes un breve mensaje que escribí para *Cada nuevo día.* Todos los días presento un pasaje de la Palabra de Dios. Hay palabras que te causarán un impacto mayor que otras, pero debes escuchar atentamente cada día para saber qué quiere decirte el Espíritu Santo por medio del mensaje. Una persona es una de dos cosas: un misionero o un campo de misión. Hay días en que escribí para los cristianos, que saben que son llamados a ser la luz del mundo. Para otros días, Dios me dio un mensaje acerca de lo que significa llegarse a él.

Sugiero que, después de haber leido la breve observación, el texto y la oración, te formules las preguntas siguientes: ¿Me habló al corazón el mensaje de hoy?

¿Por qué?

¿Cómo puedo poner en práctica en mis circunstancias actuales lo que el Señor me estaba diciendo?

¿Me costará hacerlo en mi hogar, mi trabajo, mi iglesia y en la sociedad?

¿Podrá significar reconciliación, restitución o hasta tribulación?

Sé que el Señor me dio las palabras de este libro.

Proceden de aquel que te ama y te ha hablado por mi intermedio.

Corrie ten Boom

Enero

Refúgiate en él

Enero 1

Que el amor de un Salvador moribundo,
el poder de un Salvador resucitado,
la oración de un Salvador que ascendió,
y la gloria de un Salvador que volverá,
sean el consuelo y la alegría de tu corazón.

En nuestra casa de la ciudad de Haarlem, en Holanda, papá tenía la costumbre, en los primeros minutos del Año Nuevo, de leer el Salmo 91 y luego orar. De forma consciente entrábamos en el Año Nuevo tomados de la mano del Señor. ¿Temes lo que puede acontecer en este Año Nuevo? Haz lo que hizo papá. Confía en el Señor que en los días venideros será tu refugio.

> El que habita al abrigo del Altísimo
> morará bajo la sombra del Omnipotente.
> Diré yo a Jehová: Esperanza mía, y castillo
> mío; mi Dios, en quien confiaré.
>
> Salmo 91:1-2 (RVR1960)

Gracias, Señor Jesús, porque pase lo que pase, tú serás nuestro refugio.

Nuevos comienzos

Enero 2

¿Quieres que te dé algo para el Año Nuevo? Apártate a solas ante el Señor, y en su presencia examínate. ¿Sabes que has sido perdonado? ¿Has perdonado a tus prójimos? Cuando lo hagas, Dios te concederá un Año Nuevo victorioso.

> Y os habéis vestido del nuevo hombre, el cual se va renovando hacia un verdadero conocimiento, conforme a la imagen de aquel que lo creó
>
> Colosenses 3:10 (LBLA)

Señor Jesús, al comienzo de este año, te pedimos que nos ayudes a empezar de nuevo. Lava nuestros pecados con tu sangre preciosa. Quita de nuestros corazones nuestra amargura contra los demás. Ayúdanos a vivir cada nuevo día en estrecha comunión contigo, nuestro guía fiel y verdadero.

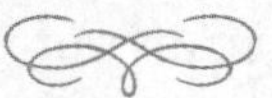

De pie, victoriosos

Enero 3

Jesús es el Vencedor. El Calvario es el lugar del triunfo. La obediencia es el camino de la victoria, y el estudio bíblico y la oración los preparativos para la misma. Ten valor, fe y el Espíritu de la victoria. Cada tentación es una oportunidad de vencer, una señal de que debemos enarbolar la bandera de nuestro Vencedor, un modo de hacerle saber de nuevo al tentador que está vencido. Roy Hession lo expresa asi: «Jesús siempre es victorioso. Solo tenemos que tener una relación correcta con él, para que su vida victoriosa fluya a través de nosotros, e influya sobre otras personas».

> Pónganse toda la armadura de Dios.
>
> Efesios 6:11 (NVI)

Gracias, Señor Jesús. Tú has ganado la victoria para nosotros.

La comunión vital

Enero 4

¿Cómo puedo alimentar la vida abundante?

El Señor te lo indicará. Sé paciente, y espera su dirección. Mientras tanto, lee tu Biblia y únete a otros hijos de Dios para orar juntos. La comunión en la oración es vital para tu salud cristiana y para que puedas efectuar la obra de Dios. Habla mucho con tu Salvador. Él sabe, él ama, tú le importas.

> Orad sin cesar.
>
> 1 Tesalonicenses 5:17 (RVR1960)

Señor, enséñanos a orar.

Quien te mira, ¿ve al Señor? Enero 5

Hay oscuridad en la tierra. La neblina se espesa cada día. Donde no hay visión, el pueblo perece. Dios no quiere tenernos en la oscuridad, pero desea guiarnos por medio de su luz victoriosa.

> Por eso, desde el día en que lo supimos no hemos dejado de orar por ustedes. Pedimos que Dios les haga conocer plenamente su voluntad con toda sabiduría y comprensión espiritual, para que vivan de manera digna del Señor, agradándole en todo. Esto implica dar fruto en toda buena obra, crecer en el conocimiento de Dios.
>
> COLOSENSES 1:9-10 (NVI)

¡Señor, qué consuelo es saber que tu percepción y tu visión son perfectas! Ayúdame a ver las cosas desde tu punto de vista.

¿Qué está haciendo Dios? Enero 6

> Dios decidió que este mundo fuese el escenario de su plan, el centro de lo que él se ha propuesto hacer.
>
> WATCHMAN NEE

> [Dios nos bendigo] dándonos a conocer el misterio de su voluntad, según su beneplácito, el cual se había propuesto en sí mismo, de reunir todas las cosas en Cristo, en la dispensación del cumplimiento de los tiempos, así las que están en los cielos, como las que están en la tierra. En él asimismo tuvimos herencia, habiendo sido predestinados conforme al propósito del que hace todas las cosas según el designio de su voluntad.
>
> EFESIOS 1:9-11 (RVR1960)

Señor, qué consuelo es que sean tan perfectos tus planes para este mundo. Gracias por habernos permitido verlos con claridad mientras vivimos en medio del caos actual.

Las piedras de la fe

Enero 7

Se dice que la remoción de las pequeñas piedras que con frecuencia se encuentran en los campos no siempre significa un aumento de la cosecha. En muchos terrenos son una ventaja, pues atraen la humedad e irradian calor. Luego de un experimento, los resultados de haber sacado las piedras fueron tan nocivos para la cosecha que se las colocaron de nuevo. A menudo hacemos como Pablo, y clamamos al Señor que quite algún aguijón de nuestra carne. Y nuestras experiencias posteriores nos indican que era mejor que no nos fuese quitado.

> Por lo cual, por amor de Cristo me gozo en las debilidades, en afrentas, en necesidades, en persecuciones, en angustias; porque cuando soy débil, entonces soy fuerte.
>
> 2 Corintios 12:10 (RVR1960)

Tu fuerza y mi debilidad siempre se encuentran.

Cuando pongo mi carga a tus pies, las cosas que parecían aplastarme, al fin las veo como peldaños de una escalera que me lleva hacia arriba. Gracias, Señor.

Eligiendo a Dios

Enero 8

Dios está votando por nosotros siempre. El diablo está siempre votando en contra. La manera en que votemos nosotros decidirá la elección.

> Escogeos hoy a quién sirváis … yo y mi casa serviremos a Jehová.
>
> Josue 24:15-16

Sí, Señor, de nuevo, o quizás por vez primera, elijo ser tuyo. ¡Qué alegría saber que tú me elegiste! Pongo mi mano débil en tu mano fuerte. Estando contigo, soy más que vencedor.

Rebotes espirituales

Enero 9

El evangelista africano Guillermo Nagenda ha dicho:

> «Mi vida es como esta pelota que está rebotando del piso. A veces el diablo me da un golpe hacia abajo, pero cuando llego a lo más profundo, Jesús está allí, y me da un golpe hacia arriba de modo que llego a estar más alto que antes».

> Está mi alma apegada a ti.
> Tu diestra me ha sostenido.
>
> Salmo 63:8 (RVR1960)

Señor, el diablo es más fuerte que yo. Pero la Biblia me dice que tú eres más fuerte que él, y que junto contigo resulto mucho más fuerte que el maligno. Gracias, Señor, por estas palabras de aliento.

Él te encontrará en la oscuridad

Enero 10

Guillermo Nagenda siguió diciendo:

> «Un día el diablo le dará un golpe tan fuerte a Guillermo, que caerá en el valle de sombra de muerte. Allí, Jesús le dará a Guillermo un golpe tan fuerte hacia arriba, que llegará al cielo. Y el diablo dirá: "¿Dónde está Guillermo? Ya no lo veo"».

> Aunque ande en valle de sombra de muerte,
> no temeré mal alguno, porque tú estarás conmigo.
>
> Salmo 23:4 (RVR1960)

Señor Jesús, te doy gracias porque has vencido a las fuerzas del mal. Sabemos que nunca has de fallarnos.

Más allá de la fe

Enero 11

Hacia el fin de mis años de adolescencia, tuve la suerte de escuchar a Sadhu Sundar Singh, quien nos habló acerca de su experiencia personal y verdadera de haber visto al Señor.

Cuando lo conocí, durante un paseo, le conté de una preocupación que me molestaba, y le pregunté:

—¿Habrá algo que anda mal en mi fe? Sé que el Señor está conmigo, pero nunca he tenido una visión ni he visto un milagro.

El Sadhu me contestó:

—Que yo sepa que Jesucristo vive no es ningún milagro, pues lo he visto personalmente. Pero tú, que nunca lo has visto, sientes su presencia. ¿No es eso un milagro del Espíritu Santo?

> Ustedes lo aman a pesar de no haberlo visto; y aunque no lo ven ahora, creen en él y se alegran con un gozo indescriptible y glorioso.
>
> 1 Pedro 1:8 (NVI)

Señor, te damos gracias porque el Espíritu Santo nos lleva a creer más allá de nuestros pobres sentidos.

El espejo que cuelga derecho

Enero 12

Debemos reflejar el amor de Dios en medio de un mundo que está lleno de odio. Un espejo no hace gran cosa. Simplemente está colgado en el lugar que le corresponde, y refleja la luz. Somos espejos del amor de Dios, para que en nuestras vidas mostremos a Jesús. Él nos utiliza para difundir el evangelio del reino y glorificar al Señor.

> Así, todos nosotros, que con el rostro descubierto reflejamos como en un espejo la gloria del Señor, somos transformados a su semejanza con más y más gloria por la acción del Señor, que es el Espíritu.
>
> 2 Corintios 3:18 (NVI)

Gracias, Señor, porque mediante tu Santo Espíritu diriges nuestros ojos haciendo que te miren a ti. Gracias porque puedes convertirnos en tus espejos. ¡Que honor!

La visión de lo que no se ve — Enero 13

Abre nuestros ojos, Señor, a fin de que veamos la
vasta extensión de la eternidad.
Ayúdanos a ver más allá de los pequeños problemas
que tanto nos afligen, más allá de la tristeza que
nos quita el valor.
Que nuestros corazones entren en tu gran sinfonía,
y que nuestras voces siempre estén en dulce
armonía.
Danos tu propia visión.
Señor bendito.

Donde no hay visión, el pueblo se extravía;
¡dichosos los que son obedientes a la ley!

PROVERBIOS 29:18 (NVI)

Señor Jesús, solo por medio de ti podemos tener una visión de lo invisible. Te doy gracias porque estás dispuesto a dárnosla.

Lo que podemos hacer — Enero 14

¿Puedes hacer las cosas que hace Jesús? ¿Puedo hacerlas yo? ¡Sí! Porque Jesús fue al Padre, y allí, con su Padre, hace cosas mayores que las que hizo cuando estaba en la tierra. Las hace por medio de ti y de mí.

El que en mí cree, las obras que yo hago, él las hará también; y aun mayores hará, porque yo voy al Padre.

JUAN 14:12

Señor Jesús, te doy gracias porque estas dispuesto a obrar por medio de nosotros. ¡Qué privilegio tremendo!

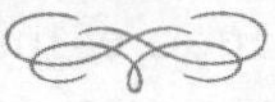

Él te sostendrá

Enero 15

¿Quién es el que vence al mundo? Aquel que cree que Jesús es el Hijo de Dios. El Señor es el vencedor, y puede sostenerte y llevarte a la victoria en cualquier circunstancia. Esto me ha sido de gran consuelo, especialmente en los días aplastantes en que estuve encarcelada.

> Él los mantendrá firmes hasta el fin, para que sean irreprochables en el día de nuestro Señor Jesucristo.
>
> 1 Corintios 1:8 (NVI)

Gracias, Señor Jesús, por el modo en que comprendes nuestras debilidades y nos das consuelo, dirección y poder, ahora y siempre.

Artillería divina

Enero 16

Poseemos una artillería divina que silencia al enemigo y le hace el daño que él deseaba hacernos a nosotros.

> Para que vivan de manera digna del Señor, agradándole en todo. Esto implica dar fruto en toda buena obra, crecer en el conocimiento de Dios
>
> Colosenses 1:10 (NVI)

¡Señor, qué alegría nos produce saber que tu poder es mucho mayor que el del enemigo!

Ve, y hazlo en serio

Enero 17

El doctor A. T. Pierson dice en su libro *God and Missions Today* [Dios y las misiones en la actualidad]: «Toda la iglesia de Dios debe ser un gran cuerpo de evangelistas. En lugar de comenzar absorbiendo pastor tras pastor, y luego, como una esponja insaciable, exigiendo el ministerio accesorio de los evangelistas, los miembros de las iglesias deben decirles a sus pastores: "Déjennos a nosotros, y vayan a buscar las almas perdidas"».

Listo para sufrir la pena y el dolor,
Listo para soportar la prueba.
Listo para que otros lleven la delantera,
Si así Dios lo desea.

Listo para ir,
Dispuesto a quedarme,
Dispuesto a ocupar mi lugar.
Dispuesto para el servicio grande o pequeño.
Dispuesto a hacer su voluntad.

Dispuesto a ir,
Dispuesto a soportar,
Dispuesto a orar y velar.
Dispuesto a hacerme a un lado,
Dispuesto a esperar hasta que él abra el camino.

Dispuesto a hablar,
Dispuesto a pensar,
Dispuesto con corazón y cerebro.
Dispuesto para estar donde él lo crea mejor.
Dispuesto a soportar la carga.

Dispuesto a hablar,
Dispuesto a advertir,
Dispuesto a llorar por las almas.

Dispuesto en la vida,
Dispuesto en la muerte.
Dispuesto a aguardar su venida.

Id y haced discípulos a todas las naciones.

MATEO 28:19

Mi respuesta es sí, Señor Jesús. Estoy dispuesto.

Cuidando el jardín con Dios — Enero 18

> Cómo quisiera que mi alma fuese como un campo bajo un cultivo celestial. No un desierto, sino un jardín del Señor. Encerrado tras las murallas de la gracia, plantado por la instrucción, visitado por el amor, desbrozado por la disciplina celestial, custodiado por el poder divino. Un alma favorecida de esta manera, está lista a fin de dar fruto a la gloria de Dios.
>
> C. H. Spurgeon

> Hasta que sobre nosotros sea derramado el Espíritu de lo alto, y el desierto se convierta en campo fértil, y el campo fértil sea estimado por bosque.
>
> Isaías 32:15

Padre, haz de mí tu jardín. Prepárame para que pueda dar fruto para tu gloria.

No importa si flotas, navegas o nadas... — Enero 19

Tú y yo somos lo que somos por la gracia de Dios. La vida cristiana comienza con la gracia, tiene que continuar con la gracia, y termina con la gracia.

> La gracia del Señor, como un mar insondable,
> es suficiente para ti y para mí.
> Es tierna, libre e ilimitada,
> y suficiente para todas nuestras necesidades.

> Porquc la gracia de Dios se ha manifestado para salvación a todos los hombres.
>
> Tito 2:11

Señor, te doy gracias por tu océano de amor y gracia.

Dios obra para bien

Enero 20

Una vez vi una iglesia que era apenas un techo, en parte de metal y en parte de lona. Los feligreses me dijeron que antes habían tenido una iglesia de ladrillos muy hermosa, pero vivían en un país donde estaba prohibido el cristianismo, y alguien le prendió fuego al edificio, destruyéndolo.

Les dije cuánto sentía que hubiesen perdido la iglesia, pero me respondieron sonrientes: «Dios no se equivoca. Hubo un terremoto, un domingo por la mañana. Mil personas estaban reunidas bajo este techo. Si hubiésemos estado en un edificio de ladrillos, muchos hubiesen sido heridos, pero este techo simplemente tembló un poco junto con la tierra, y nadie sufrió nada».

> Sabemos que a los que aman aDios, todas las cosas les ayudan a bien, esto es, a los que conforme a su propósito son llamados.
>
> ROMANOS 8:28

Oh, Señor, te doy gracias porque en el tapiz de nuestra vida, el lado tuyo siempre es perfecto. Esto nos es de gran consuelo cuando el lado nuestro se pone enmarañado.

Él te guarda

Enero 21

Muchas veces el poder divino me ha protegido. En cierta ocasión, cuando estuve presa, se me llevó ante un juez que me hizo muchas preguntas. Existía la posibilidad de que me fusilaran. Después que me había preguntado muchas cosas, le dije:

—¿Puedo preguntarle algo?

—Pregunte lo que desee.

—En su vida, ¿hay tinieblas o luz?

—Hay densas tinieblas.

Entonees le mostré el camino de la salvación. Mi hermana Betsie tuvo que aparecer ante el mismo juez, y ella también le anunció el evangelio. Hasta le pidió permiso para orar con él. Más tarde el juez me dijo:

—Jamas, en mi vida, he de olvidar las oraciones de su hermana.

Finalmente, el Señor tocó su corazón y llegó a ser nuestro amigo.

> No seas vencido de lo malo, sino vence el mal con el bien.
>
> ROMANOS 12:21

Gracias, Señor, porque tú estás dispuesto a cuidarme también a mí con tu poder divino.

Él enfrenta nuestra contrariedad — Enero 22

El juez tenía que cumplir su misión en la cárcel. Llegó el día en que me mostró unos papeles que podrían significar mi sentencia de muerte, y también la muerte de parientes y amigos.

Me preguntó si podía explicar los papeles, y le contesté que no. Repentinamente los tomó todos en la mano y los arrojó al fuego. Cuando vi cómo las llamas destruyeron esos papeles tan acusadores, supe que había sido cuidada por el poder divino y comprendí, como nunca antes, las palabras de Colosenses 2:14:

> Anulando el acta de los decretos que había contra nosotros, que nos era contraria, y quitándola de en medio y clavándola en la cruz.

Señor, te damos gracias por tu protección constante, y por tu océano de amor y perdón.

Nunca temas

Enero 23

Jesús ha tomado todas las pruebas que existían en contra de nosotros y las ha clavado en la cruz, por mí y por ti. En nuestras vidas hay muchos papeles peligrosos, y todos tendremos que comparecer ante Dios en el día del juicio. ¿Hemos rechazado a Jesús durante esta vida? Entonces nos perderemos. ¿Hemos recibido a Jesús? Entonces no tenemos nada que temer, porque él ha destruido los documentos que nos condenaban cuando murió por mí y por ti en la cruz. ¡Que alegría!

> En la cruz, en la cruz
> do primero vi la luz,
> y las manchas de mi alma él lavó,
> fue allí por fe que vi a Jesús.
>
> RALPH E. HUDSON

> Yo, yo Jehová, y fuera de mí no hay quien salve.
>
> ISAÍAS 43:11

Gracias, Jesús, por haber puesto sobre tus espaldas nuestros pecados, a fin de que pudiésemos ser salvos.

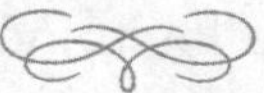

Pedacitos de cielo

Enero 24

En nuestro campo de prisioneros, durante la Segunda Guerra Mundial, mi hermana y yo teníamos que asistir al acto de pasar lista muy temprano por la mañana, en días de intenso frío. A veces nos enviaban con bastante anticipación, y entonces caminábamos por el campamento. Todo estaba oscuro. No había una luz en ninguna parte.

En medio de esas tinieblas frías, Betsie y yo andábamos con el Señor, y conversábamos con él. Betsie decía algo, yo agregaba algo, y luego el Señor nos decía algo. ¿Cómo? No lo sé, pero ambas entendíamos lo que él nos decía. Era un pedacito de cielo en medio de un infierno.

He aquí yo estoy con vosotros todos los días, hasta el fin del mundo.

MATEO 28:20

Señor, ayúdame a hablar contigo siempre, especialmente en mis días de tinieblas, y a escucharte cuando me hablas.

Mira hacia arriba

Enero 25

Una vez, mientras esperábamos que pasaran lista, un guardián cruel nos tuvo de pie durante muchísimo tiempo. De repente una alondra comenzó a cantar, y todos los prisioneros miraron hacia arriba para escuchar la canción del pájaro. Cuando vi la alondra contra el cielo, pensé en el Salmo 103:11 (NVI):

> Tan grande es su amor por los que le temen
> como alto es el cielo sobre la tierra.

Dios nos envió esa alondra durante tres semanas, siempre a la hora en que se pasaba lista, para que nuestros ojos se alejaran de la crueldad de los hombres y contemplaran el océano de su amor.

Gracias, Señor, porque estás dispuesto siempre a dirigir nuestros ojos hacia tu persona.

Sentido común, la salvación

Enero 26

La entrega total al Señor no es una acción dolorosa, ni un tremendo sacrificio. Es lo más sensato que puedes hacer.

> Quien confía en el amor inmutable de Dios,
> edifica sobre la roca que nada podrá mover.

GEORGE NEUMARK

> Confíen en el SEÑOR para siempre,
> porque el SEÑOR es una Roca eterna.

ISAÍAS 26:4 (NVI)

¿Quién podrá dirigir nuestras vidas mejor que tú, Señor? ¿En quién otro podríamos confiar? ¡Por cierto no en nosotros mismos!

El centro en medio de la tormenta — Enero 27

Es peligroso vivir como un cristiano a medias en este mundo oscuro, caótico y sin esperanza. En el centro de un huracán, hay absoluta quietud y paz. No hay un lugar de mayor seguridad que el centro de la voluntad de Dios.

> Yo conozco tus obras, que ni eres frío ni caliente ... Por tanto yo te aconsejo que de mí compres oro refinado en fuego, para que seas rico.
>
> APOCALIPSIS 3:15,18

Señor, yo sé que cuando haces una pregunta, solo hay dos respuestas: sí o no (o nada, que es lo mismo que no). Muéstrame qué quise decir con mi respuesta.

Duda, miedo e inferioridad — Enero 28

¿Qué puede impedir nuestra entrega total? Los pecados, las penas, las posesiones, la familia, nuestra voluntad, deberes y derechos. Pecados como la duda, el temor, los sentimientos de inferioridad, el materialismo, la envidia, el egoísmo. Todos son territorios del enemigo.

> Examíname, oh Dios, y sondea mi corazón;
> ponme a prueba y sondea mis pensamientos.
> Fíjate si voy por mal camino,
> y guíame por el camino eterno.
>
> SALMO 139:23-24 (NVI)

Señor Jesús, haz que tu luz ilumine mi vida y me muestre los lugares en que necesito tu sangre limpiadora.

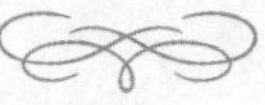

Lo mejor que vendrá

Enero 29

¿Quieres recibir el don de la vida eterna? Jesús te convertirá en heredero de las riquezas eternas si estás dispuesto a recibirlas.

> La paga del pecado es muerte, más la dádiva de Dios es vida eterna en Cristo Jesús nuestro Señor.
>
> ROMANOS 6:23

Oh, Señor, te doy gracias porque ahora mismo puedo disfrutar de la vida eterna, y porque el futuro será mejor todavía.

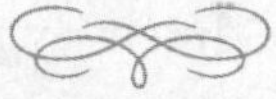

Haz que seamos buenos capitanes

Enero 30

Un niño escribió: «La vida es un gran barco, con un cargamento muy precioso que tiene que ser entregado a muchas personas en muchos lugares. Dios es el propietario, pero yo soy el capitán».

> Sea cual fuere el don, solo te damos lo que es tuyo.
> Todo lo que poseemos, es solo tuyo: nos ha sido confiado por ti.
>
> WILLIAM HOW

> ¡Gracias a Dios por su don inefable!
>
> 2 CORINTIOS 9:15

Padre, del modo en que el propietario de un barco confía en que el capitán llevará el cargamento a su destino, así tú pones en nuestras manos tus bendiciones. Haz que seamos buenos capitanes. Llena nuestros corazones con tu Santo Espíritu.

Crecer, brillar, acudir

¿Qué piensas que eres? ¿Propietario o capitán de lo que posees? ¿Estás entregando lo que tienes? El mundo no lee la Biblia. Te lee a ti. Me lee a mí. El hombre santo es la «Biblia» del hombre incrédulo. ¿Estás creciendo como Pedro? ¿Brillas como brilló Esteban? ¿Andas como anduvo Pablo?

La gente preguntará: ¿Por qué cuando me hallé en la última encrucijada no se me habló acerca de este Jesús?

> ¿Y cómo creerán en aquel de quien no han oído? ¿Y cómo oirán sin haber quién les predique?
>
> Romanos 10:14

Gracias, Señor, porque tú nos fortalecerás por medio del amor de un Salvador moribundo, del poder de un Salvador resucitado, de la oración de un Salvador ascendido, y de la gloria de un Salvador eterno.

Febrero

Dios hace lo bueno a partir del caos — Febrero 1

Cuando vuelva Jesús para hacer una tierra nueva, el material estará listo. La primera tierra también fue fabricada del caos.

> La tierra será llena del conocimiento de Jehová, como las aguas cubren el mar.
>
> ISAÍAS 11:9

Señor Jesús, te doy gracias porque la Biblia nos anima a que esperemos un nuevo cielo y una nueva tierra en la que reinará la justicia.

Ora por la paz de Jerusalén — Febrero 2

Al describir a los judíos, Dios dijo que eran el pueblo que él había formado para sí mismo, a fin de que declararan su loor. (Véase Isaías 43:21.) Israel está preparando el escenario para el último acto de la historia de este mundo. Dios le dijo a Abraham:

> Bendeciré a los que te bendigan
> y maldeciré a los que te maldigan;
> ¡por medio de ti serán bendecidas
> todas las familias de la tierra!
>
> GÉNESIS 12:3 (NVI)

> Aunque en muchos pueblos ya desaparecidos han brillado la providencia y la gracia de Dios, solo un pueblo ha dado a luz a un Soberano apto para gobernar la tierra. Su nombre es Israel. ¡Oh, judío, inclino ante ti mi cabeza de gentil!
>
> AUTOR DESCONOCIDO

Señor, ruego por la paz de Jerusalén.

No estás en tinieblas

Febrero 3

Hoy podemos leer todas las señales de los tiempos, no solo en la Biblia, sino también en los periódicos. Nuestra generación estará viva cuando acontezcan estas cosas, cuando venga el Señor. ¡Vuelve muy pronto!

> Mas vosotros, hermanos, no estáis en tinieblas para que aquel día os sorprenda como ladrón.
>
> 1 Tesalonicenses 5:4

Gracias, Espíritu Santo, porque estás con nosotros, y nos das la sabiduría y la visión necesarias para ver los secretos del plan de Dios y la realidad de las señales de los tiempos. Gracias, porque además nos das, por tus dones y tu fruto, todo lo que precisamos para estar listos.

A su manera

Febrero 4

No hagas nada que no quisieras estar haciendo cuando vuelva el Señor. No vayas a ningún lugar en el que no te agradaría ser hallado cuando vuelva Jesús.

> Vosotros ... también poniendo toda diligencia, por esto mismo añadid a vuestra fe virtud; a la virtud, conocimiento; al conocimiento, dominio propio; al dominio propio, paciencia; a la paciencia, piedad.
>
> 2 Pedro 1:5-6

Señor, hazme digno de encontrarme contigo en cualquier momento. Glorifica tu nombre en mi vida.

Dispuestos a vivirlo

Febrero 5

No dejes que las preocupaciones y cargas de esta vida te cieguen de tal manera que no estés preparado para la segunda venida de Jesús.

> Mas como en los días de Noé, así será la venida del Hijo del Hombre. Porque como en los días antes del diluvio estaban comiendo y bebiendo, casándose y dando en casamiento, hasta el día en que Noé entro en el arca, y no entendieron hasta que vino el diluvio y se los llevó a todos, así será también la venida del Hijo del Hombre.
>
> MATEO 24:37-39

Señor Jesús, haz que seamos buenos soldados en tu ejército, dispuestos a sufrir aquello de lo que habló Pablo en 2 Timoteo 3:1, que en los últimos tiempos va a ser muy difícil ser cristiano.

Halla tu plenitud

Febrero 6

Creo que tú, que lees este libro, puedes estar listo para la venida de Jesús. ¿Por qué? Porque todo lo que tuvo que hacerse, se hizo ya en la cruz.

> Y el mismo Dios de paz, os santifique por completo, y todo vuestro ser, espíritu, alma y cuerpo, sea guardado irreprensible para la venida de nuestro Señor Jesucristo.
>
> 1 TESALONICENSES 5:23

Te damos gracias, Señor, por tu gran sacrificio en la cruz, que hace que resulte posible que nos unamos a ti en tu gran victoria final.

Para tu generación

Febrero 7

¿A qué «generación» se refería el Señor Jesús cuando empleó esa palabra en Lucas 21? A la generación que esté aquí cuando aparezcan las señales que él predijo. ¡Es nuestra generación!

> No pasará esta generación, hasta que todo esto acontezca.
>
> Lucas 21:32

Esperamos con ansias tu venida, Señor, aunque sabemos que hemos de pasar por días difíciles antes que te veamos.

Sus secretos son tuyos

Febrero 8

Nuestros conocimientos acerca del futuro de este mundo no deben deprimirnos ni causarnos temor.

> Cuando estas cosas comiencen a suceder, erguíos, y levantad vuestras cabezas, porque vuestra redención está cerca.
>
> Lucas 21:28

Gracias, Señor, porque Efesios 1 nos revela que has permitido que conozcamos el secreto de tu plan, que te propones en tu soberana voluntad que toda la historia humana sea consumada en Cristo, y que todo cuanto existe en el cielo o en la tierra ha de encontrar su perfección y cumplimiento en ti.

Lo mejor está por venir — Febrero 9

¡Cómo nos alegramos de que la Biblia nos diga que el futuro será mucho mejor! ¡Qué consuelo! Nuestras perspectivas van más allá de este mundo. Nos encontraremos con el Señor en el aire.

> Jesús viene por mí.
> Qué gozo tendré,
> su rostro veré.

> Nosotros, los que vivimos, los que hayamos quedado, seremos arrebatados juntamente con ellos en las nubes para recibir al Señor en el aire, y así estaremos siempre con el Señor.
>
> 1 TESALONICENSES 4:17

¡Como ansiamos que llegue el momento cuando seamos trasladados para verte cara a cara, Señor Jesús! ¡Ven pronto!

Finales felices — Febrero 10

Un pastor negro me dijo en cierta ocasión: «No me agrada leer un libro en el que se relatan cosas tristes. Cuando tengo que leerlo, empiezo por la última página. Cuando veo que los novios se casaron y fueron felices, entonces sé que puedo leer todo el libro, porque el final es bueno».

A la Biblia debemos leerla del mismo modo. Temblamos cuando nos enteramos de lo que va a acontecer antes de que vuelva Jesús, pero si tienes miedo, lee la última página. Allí verás que Jesús ha prometido volver, y que le veremos cara a cara.

> He aquí, yo hago nuevas todas las cosas.
>
> APOCALIPSIS 21:5

Gracias, Señor, porque nos has dicho tanto acerca del futuro, que sabemos que nos espera lo mejor.

Tu vida es un libro **Febrero 11**

La historia está en manos de Dios. Él tiene un programa para tu vida y la mía, y un programa para toda la humanidad. No conocemos el futuro, pero sí conocemos a quien tiene el futuro en sus manos. Estemos firmes como cristianos, sabiendo que somos colaboradores de Dios, quien cumple sus profecías. Nuestras miradas se dirigen más allá de este mundo, con la esperanza de la venida de Jesús, el Mesías, que hará nuevas todas las cosas. En la época difícil que estamos atravesando, y que ha de ponerse más difícil aún, el cristiano puede comprender las cosas, y poseer una paz celestial que sobrepasa todo entendimiento.

> [Orando] que seáis tenidos por dignos de escapar de todas estas cosas que vendrán, y de estar en pie delante del Hijo del Hombre.
>
> LUCAS 21:36

Señor Jesús, te doy gracias porque siempre podemos mirar hacia ti, y esperar tu cuidado constante, como también gozar por anticipado del futuro glorioso en que se cumplirá tu liberación.

Nada en el océano de la verdad **Febrero 12**

La segunda venida de Cristo señalará el fin del dominio de Satanás sobre el mundo. La tierra estará cubierta del conocimiento de Dios, como las aguas cubren el fondo del mar.

> Él [Dios] los mantendrá firmes hasta el fin, para que sean irreprochables en el día de nuestro Señor Jesucristo.
>
> 1 CORINTIOS 1:8 (NVI)

Aguardamos tu victoria, Señor. ¡Qué gozo nos produce poder saber de antemano el resultado!

Usa lo que tienes

Febrero 13

Un hermano en Cristo me dijo: «Fui obispo en China durante diecisiete años, pero cometí grandes errores. No preparé a los laicos para que fuesen evangelistas. Ahora no hay ni obispos ni pastores en toda la China. Dios quiso que los laicos fuesen evangelistas y tuvimos la oportunidad de prepararlos, más no lo hicimos».

Emplea el tiempo de que aun dispones para decirles a todos los cristianos que puedas alcanzar que son llamados a ser embajadores de Cristo. Tienen el importante y gozoso llamado de compartir las buenas nuevas.

> Pronto la noche viene, tiempo es de trabajar;
> los que lucháis por Cristo, no hay que descansar.
> Cuando la vida es sueño, gozo, vigor, salud,
> y es la mañana hermosa de la juventud.
> Pronto la noche viene, ¡listos a trabajar!
> ¡Listos que muchas almas hay que rescatar!
> ¿Quién de la vida el día puede desperdiciar?
> «Viene la noche cuando nadie puede obrar».
>
> ANNA COGHILL

> [Jesús dijo:] Vayan por todo el mundo y anuncien las buenas nuevas a toda criatura.
>
> MARCOS 16:15

La preparación de otros puede ser parte de nuestro trabajo, Señor. Ayúdanos a aprovechar todas las oportunidades, pues, las circunstancias pueden cambiar con mucha rapidez.

Él ora e intercede por nosotros

Febrero 14

¿Qué ha hecho por nosotros Jesús, el Hijo de Dios? Dejó el cielo y vino a la tierra. Se humilló, naciendo como un bebé, y siendo colocado en un pesebre. Soportó la vida de esta tierra durante treinta y tres años, y murió en una cruz para cumplir con el castigo de nuestros pecados. ¿Qué está haciendo actualmente en la gloria? Está orando y abogando por nosotros.

Cuando aceptaste a Jesucristo como Salvador, ¿fue la única decisión que tomaste? Fue muy importante. Naciste de nuevo, pero eras un bebé. ¿No habrá muchas otras cosas que el Señor te está pidiendo ahora?

> Así que, hermanos, os ruego por las misericordias de Dios, que presentéis vuestros cuerpos en sacrificio vivo, santo, agradable a Dios, que es vuestro culto racional.
>
> ROMANOS 12:1

¡Cuánto hiciste por mí, Señor Jesús! Cuando pienso en lo poco que he hecho por ti, me doy cuenta de que hoy mismo debo entregarte todo cuanto soy. ¡Ama a otras personas por intermedio de mí, Señor!

Firmes, porque él lo puede — Febrero 15

Somos embajadores de Cristo. Un embajador es enviado oficialmente por un gobierno para que lo represente en el territorio de otra nación. Su autoridad no se mide según su capacidad personal, sino que está en proporción directa con la autoridad del gobierno que representa.

> No me elegisteis vosotros a mí, sino que yo os elegí a vosotros, y os he puesto para que vayáis y llevéis fruto, y vuestro fruto permanezca.
>
> JUAN 15:16

Padre, me siento feliz de ser tu embajador, y me siento seguro por la autoridad que me apoya. Te doy gracias porque puedo valerme de ti.

Pide la gracia que él otorga — Febrero 16

Muchas naciones se están tambaleando, y estamos tan relacionados con ellas, que podríamos caer también si no nos volvemos en gran número a Dios, implorando su misericordia en esta crisis inmediata y tan alarmante.

> Muéstranos, oh Jehová, tu misericordia, y danos tu salvación.
>
> SALMO 85:7

Padre, danos las fuerzas necesarias para llevar tu Palabra a vastas muchedumbres. Necesitamos más soldados que crean que Jesús es el vencedor.

Espejo de su amor, reflejo de sus caminos — Febrero 17

En la obra de evangelismo, somos enviados por la misma Persona, por el mismo poder, al mismo lugar y con el mismo propósito con que fue enviado Jesús. Me alegro de que en muchos países exista tan buen material para preparar obreros. Puedo pensar en varias organizaciones que trabajan en todo el mundo. Producen buen material que podemos emplear para ayudar y preparar a otros.

> Porque ejemplo os he dado, para que como yo os he hecho, vosotros también hagáis.
>
> JUAN 13:15

Señor, abre nuestros ojos a fin de que podamos reconocer todas las oportunidades para presentar el evangelio. Gracias, porque, morando tú en nosotros, nos conviertes en espejos de tu amor.

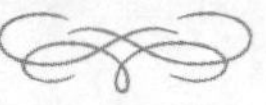

Uniendo los puntos Febrero 18

Cuando presentas la Palabra de Dios a tus prójimos, debes conservar la relación horizontal y vertical con ellos y con el Espíritu Santo. Pide a Dios la dirección, percepción y sabiduría que necesitas.

> Yo os daré palabra y sabiduría, la cual no podrán resistir ni contradecir todos los que se opongan.
>
> LUCAS 21:15

Señor, gracias por tu presencia mientras trabajamos. Solos, somos demasiado débiles, pero tu Espíritu nos capacita.

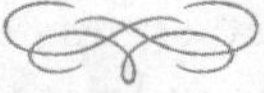

¿Qué importa más que la existencia? Febrero 19

Vale la pena sufrir y morir para salvar almas por toda la eternidad. La salvación de los perdidos debe preocuparnos más que nuestra propia existencia terrenal.

> En esto hemos conocido el amor, en que él puso su vida por nosotros; también nosotros debemos poner nuestras vidas por los hermanos.
>
> 1 JUAN 3:16

Señor Jesús, te rogamos que nos des tu amor y preocupación por aquellos que están perdidos.

Todo es testimonio

Febrero 20

Nadie puede hacer nada para impedir que Dios nos utilice. La culpa siempre es nuestra. Podemos, si queremos, transformar todas las cosas en un testimonio. Hasta la oposición puede convertirse en una puerta abierta.

> Si traes tu ofrenda al altar, y allí te acuerdas de que tu hermano tiene algo contra ti, deja allí tu ofrenda delante del altar, y anda, reconcíliate primero con tu hermano, y entonces ven y presenta tu ofrenda.
>
> MATEO 5:23-24

Padre, cuando estamos libres de pecado, podemos hacer tu obra. Cuando parezca que somos ineficaces en tu obra, llévanos a examinar nuestras vidas y ver si en ellas hay pecado.

Aprovéchalo al máximo

Febrero 21

Cuando una casa se está incendiando y hay gente en peligro, es un pecado estar arreglando los cuadros en esa casa. Cuando el mundo que te rodea está en grave peligro, algunas de tus acciones, que en sí no son pecaminosas, pueden estar mal.

> Mirad, pues, con diligencia cómo andéis, no como necios sino como sabios, aprovechando bien el tiempo, porque los días son malos.
>
> EFESIOS 5:15-16

Señor, abre nuestros ojos para que veamos el mundo que nos rodea. Úsanos para que podamos advertir a nuestros semejantes y decirles que cuando andamos contigo, tomados de tu mano, estamos bien, aun en medio de una tormenta, y que existe una eternidad que perder o ganar.

El ofrecimiento más grande de todos — Febrero 22

El día en que escuchaste el evangelio, oíste la más grande de las historias, acerca de la más grande oferta, hecha por la Persona más grande que jamás ha existido. ¿Quieres recibir el don de la vida eterna que fue la causa de que Jesús dejara el cielo y muriera en la cruz?

> Fue un amor inefable que lo ideó.
> Fue una vida inefable que lo compró.
> Fue una muerte inefable que lo obró.
> Hay un gozo inefable cuando se lo posee.

> En esto se mostró el amor de Dios para con nosotros...
>
> 1 Juan 4:9

Espíritu Santo, ayúdame a comprender más y mejor esas maravillosas riquezas.

El precio del amor — Febrero 23

Jesús te ama tanto, que aunque hubieses sido el único habitante de la tierra, hubiese estado dispuesto a morir por ti en la cruz.

> Somos santificados mediante la ofrenda del cuerpo de Cristo.
>
> Hebreos 10:10

Señor Jesús, tu amor está más allá de nuestro entendimiento. Solo podemos decir: ¡Gracias!

La simpleza de la Cruz — Febrero 24

—¿Cómo puedo ser hijo de Dios?

—Toma una decisión firme y bien definida, y dí: «Sí, Señor Jesús, entra en mi corazón».

—¿Tan sencillo es?

—Sí. La salvación es un regalo. Con solo aceptarlo, perteneces a Dios, y él te pertenece.

> He aquí yo estoy a la puerta y llamo. Si alguno oye mi voz, y abre la puerta, entraré a él, y cenaré con él y él conmigo.
>
> APOCALIPSIS 3:20

Gracias, Señor, porque puedo abrirte la puerta de mi corazón. ¡Qué alegría es que entres!

Lo que pasa en tu corazón — Febrero 25

¿El hecho de que una persona concurra con regularidad a los cultos de la iglesia la convierte en cristiana? No. En los cultos de la iglesia encuentras el alimento espiritual que necesitas y el compañerismo con otros cristianos. Pero lo importante no es el lugar en que te encuentras, sino lo que sucede en tu corazón. Un ratón que nace en una lata de galletas no es una galleta, como no es un automóvil un perro que vive en un garage.

> Si confesares con tu boca que Jesús es el Señor, y creyeres en tu corazón que Dios le levanta de los muertos, serás salvo.
>
> ROMANOS 10:9

Señor, te doy gracias porque soy cristiano, porque tú moriste en la cruz hace casi dos mil años, y porque pudiste decir: «Consumado es». Todo lo que era necesario hacer, lo hiciste tú. Gracias, gracias, Señor Jesús.

Un gran salto para poder ver

Febrero 26

La conversión no es un salto hacia las tinieblas. Es un salto gozoso a la luz del amor de Dios.

> Yo soy la luz del mundo; el que me sigue no andará en tinieblas, sino que tendrá la luz de la vida.
>
> JUAN 8:12

Somos humanos, Señor, y le tememos a lo desconocido. Danos la fe que necesitamos para salir de nuestras oscuras cavernas a tu luz orientadora.

Vivir como reyes y reinas

Febrero 27

«¿Qué sucede después que le digo "Sí" al Señor?»

Entonces puedes reclamar para ti todas las promesas de la Biblia. Y tus pecados, tus preocupaciones, toda tu vida, puedes arrojarlos sobre el Señor.

> Yo he venido para que tengan vida, y para que la tengan en abundancia.
>
> JUAN 10:10

Señor, perdónanos porque tantas veces vivamos como pordioseros, cuando somos hijos del Rey de reyes y poseemos incalculables riquezas.

La conversión solo es el principio Febrero 28

«Una vez que he aceptado a Jesús como mi Salvador, ¿qué debo hacer para crecer?».

Sé lleno del Espíritu Santo, únete a una iglesia en donde los miembros creen en la Biblia y conocen al Señor, busca el compañerismo de otros cristianos, aliméntate de la Palabra de Dios, aprendiendo de ella y haciendo tuyas sus muchas promesas. La conversión no es el fin de tu viaje, sino apenas el comienzo.

> Tu palabra es una lámpara a mis pies;
> es una luz en mi sendero.
>
> SALMO 119:105 (NVI)

Señor, te doy gracias porque nos has dado alimento espiritual por medio de tu Espíritu, de tu Palabra, y de la comunión de los santos.

La herramienta no decide Febrero 29

Tengo ochenta y cinco años, y le doy gracias a Dios porque puedo continuar con el trabajo que amo. Dios tiene su plan para cada vida. Todos nosotros somos llamados a ser la luz del mundo, en el lugar en que Dios nos coloca. Estamos en la esfera de su dirección perfecta, cuando confiamos en él y le obedecemos. Una herramienta no decide dónde va a trabajar. Es el Maestro quien decide dónde ha de ser empleada.

> Porque somos hechura suya, creados en Cristo Jesús para buenas obras, las cuales Dios preparó de antemano para que anduviésemos en ellas.
>
> EFESIOS 2:10

Señor, quizás nos agrade pensar en retirarnos de nuestro trabajo terrenal, pero tú nos seguirás guiando y utilizando en donde quieras. ¡Qué privilegio!

Marzo

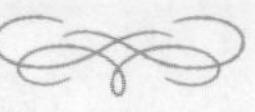

Entre la esperanza y la desazón

Marzo 1

Muchas personas se parecen a los equilibristas del alambre. En una mano llevan un saco lleno de su pasado injusto, y en la otra un saco lleno del futuro promisor que esperan. Están haciendo equilibrio entre la esperanza y la desesperación. Es una actitud errada.

¿Tienes al Espíritu Santo, o te tiene el Espíritu Santo a ti?

> Porque no nos ha dado Dios espíritu de cobardía, sino de poder, de amor y de dominio propio.
>
> 2 TIMOTEO 1:7

Señor, con nuestra mano débil colocada en tu mano fuerte, podemos andar victoriosamente.

Páginas santas. Santa mente de Dios

Marzo 2

La Biblia es un arma. Puede ser defensiva u ofensiva. Cuando te enfrentas con Satanás, con la autoridad de la Palabra, huirá de ti.

> Palabra del Dios encarnado,
> sabiduría de lo alto,
> verdad eterna, inmutable,
> luz en nuestras tinieblas:
> Te alabo por el brillo
> que en la página sagrada
> ilumina nuestros pasos
> a través de las edades.
>
> WILLIAM HOW

> Enviará su palabra.
>
> SALMO 147:18

Señor, te damos gracias por el arma de tu Palabra. Contiene todo lo que precisamos saber para ganar la victoria.

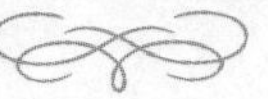

¿Quién está en tu altillo? Marzo 3

¿Jesús es tu huésped solo en el altillo de tu casa? Si es así, nadie sabe que él está. Su fuerza para protegerte en las demás habitaciones se pierde. ¡Ábrele todas las puertas!

> Amarás al Señor tu Dios con todo tu corazón, y con toda tu alma, y con toda tu mente.
>
> MATEO 22:37

¡Oh Señor Jesús, llena mi casa y mi corazón con tu presencia!

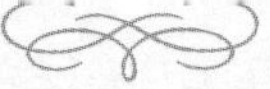

Él cargó con la culpa Marzo 4

El sentido de culpa es útil, porque nos indica dónde las cosas andan mal. Cuando no existe, estamos en peligro, del mismo modo que puede ser peligrosa la ausencia de dolor en una enfermedad.

Cuando pertenecemos a Jesús, ya no se nos exige que carguemos solos nuestra culpabilidad. Dios ha colocado sobre Jesús los pecados de toda la humanidad. Lo que tienes que hacer es comunicarle todo, confesar tu pecado y arrepentirte; entonces él te limpiará, y arrojará todos tus pecados al fondo del mar. No te olvides de que hay allí un cartel que dice. *Prohibido pescar.* Si alguien ha sufrido por tus faltas, entonces debes tratar de reparar lo hecho, ayudado por el poder y la sabiduría del Señor.

> Tan lejos de nosotros echó nuestras transgresiones
> como lejos del oriente está el occidente.
>
> SALMO 103:12

Señor, te doy gracias por que desde que tú cargaste con nuestra culpabilidad, no tenemos que cargarla nosotros mismos. Ayúdanos a no escuchar al diablo, el acusador de los hermanos, sino a escuchar a tu Espíritu Santo, que siempre nos señala la obra consumada en la cruz.

Sin concesiones, aunque no lo veamos Marzo 5

Nuestra lucha no la libramos contra un enemigo físico, sino contra organizaciones y poderes espirituales. Tenemos que luchar contra el pecado durante toda la vida, pero se nos asegura que venceremos. Estamos en la primera línea del frente de batalla. Una vacilación puede ser peligrosa.

> No tenemos lucha contra sangre y carne, sino contra principados, contra potestades, contra los gobernadores de las tinieblas de este siglo.
>
> Efesios 6:12

Gracias, Señor, porque aunque hayamos luchado hasta quedar inmovilizados, todavía podemos permanecer firmes.

El perdón a veces se esfuma de a poco Marzo 6

No debemos sorprendernos si, luego de haber perdonado a una persona, volvemos a tener pensamientos enojosos. Lo mismo acontece con nuestros pecados confesados. Podemos ser tentados, y hasta caer de nuevo, pero hemos sido librados de nuestros pecados, y la tentación, paulatinamente, desaparecerá de nuestras vidas.

> Ustedes no han sufrido ninguna tentación que no sea común al género humano. Pero Dios es fiel, y no permitirá que ustedes sean tentados más allá de lo que puedan aguantar. Más bien, cuando llegue la tentación, él les dará también una salida a fin de que puedan resistir.
>
> 1 Corintios 10:13 (NVI)

Espíritu Santo, enséñanos cómo recibir el perdón, cómo perdonar a los demás, y cómo perdonarnos a nosotros mismos.

Él mantiene a raya a los lobos hambrientos Marzo 7

La obediencia perfecta sería felicidad perfecta si solo tuviésemos una confianza perfecta en el poder al que obedecemos. Un lobo no molesta a la oveja que está con el rebaño, cerca del pastor.

> Jehová es mi pastor. Nada me faltará.
>
> Salmo 23:1

Guárdame en tu rebaño, Señor, salvo y seguro por tu protección, sabiendo que nada puedo temer cuando estoy haciendo tu obra.

Él nos lo da todo, hasta completarnos Marzo 8

A veces, en mi taller de relojería, se me pedía que reparara un reloj completamente nuevo que no andaba bien. En lugar de tratar de arreglarlo, lo enviaba directamente de vuelta al fabricante.

Es lo que tenemos que hacer con nuestra fe. Si a tu fe le falta algo o anda mal, envíala de vuelta a Jesús para que te la arregle. Lo hará a la perfección.

> Por tanto, también nosotros, que estamos rodeados de una multitud tan grande de testigos, despojémonos del lastre que nos estorba, en especial del pecado que nos asedia, y corramos con perseverancia la carrera que tenemos por delante. Fijemos la mirada en Jesús, el iniciador y perfeccionador de nuestra fe, quien por el gozo que le esperaba, soportó la cruz, menospreciando la vergüenza que ella significaba, y ahora está sentado a la derecha del trono de Dios.
>
> Hebreos 12:1-2 (NVI)

Señor Jesús, tú nos diste nuestra fe, y tú puedes dejarla en perfectas condiciones. Cuando necesitemos ser completados, ayúdanos a volvernos a ti.

Él oculta tus pecados

Marzo 9

Cuando el Señor se lleva tus pecados, nunca más los ves. Él los arroja a lo más profundo del mar, perdonados y olvidados. Hasta creo que en la superficie coloca un letrero que dice: *Prohibido pescar.*

> Cuanto está lejos el oriente del occidente, hizo alejar de nosotros nuestras rebeliones.
>
> SALMO 103:12

Señor, sabemos que es así, porque la Biblia lo dice. Haz que nuestros ojos se mantengan en la dirección correcta, mirando hacia ti, por tu Santo Espíritu.

Solucionador de problemas

Marzo 10

¿Estás con problemas en tus oraciones? El Espíritu Santo te ayudará. Cuando somos totalmente inútiles, el Espíritu está intercediendo por nosotros ante Dios el Padre.

> El Espíritu nos ayuda en nuestra debilidad; pues qué hemos de pedir como conviene, no lo sabemos, pero el Espíritu mismo intercede por nosotros con gemidos indecibles.
>
> ROMANOS 8:26

¡Oh Espíritu Santo, qué alegría nos produce saber que podemos llevarte los problemas en nuestras oraciones! Tú nos ves. También ves al enemigo. Ves el mundo que nos rodea, y en lugar de nuestra confusión, traes el amor de Dios a nuestros corazones. ¡Aleluya!

Oraciones pequeñas, respuestas potentes — Marzo 11

«¿Puedo orar acerca de los problemas pequeños de mi vida, o debo limitarme a los grandes?»

Un día, cuando estuve en el campo de concentración, tuve un fuerte resfrío. Betsie, mi hermana, oró al Señor pidiendo un pañuelo para mí. Nos reímos ante la aparente necedad de esa oración, pero unos minutos más tarde se nos acercó una mujer que me dio un pañuelo. No sabemos qué es lo que Dios considera de importancia. Sí sabemos que contesta las oraciones, aunque sean pequeñitas.

> No tenéis lo que deseáis, porque no pedís.
>
> SANTIAGO 4:2

Padre, tú nos amas, y no te enojarás cuando te pedimos cosas muy pequeñas, pues somos tus hijitos.

Él saca lo mejor de ti — Marzo 12

Una niñita lloró porque su vieja muñeca se había roto. El padre le pidió que se la entregara, y luego la compuso. ¿Por qué invirtió su tiempo ese hombre adulto en componer esa muñeca vieja y fea? Él veía la muñeca a través de los ojos de su hijita, a quien amaba. Así Dios ve tus problemas a través de tus ojos, porque él te ama.

> Porque como la altura de los cielos sobre la tierra, engrandeció su misericordia sobre los que le temen.
>
> SALMO 103:11

Padre, qué gozo tenemos al saber que somos tus hijos, y que vivimos bajo tu constante cuidado.

Él mantiene viva la conversación Marzo 13

«¡Es tan difícil orar!»

Sí, hasta los discípulos tuvieron que pedirle al Señor que les enseñase a orar. Si no puedes orar, confiésalo al Señor, y él te dará la capacidad de hacerlo.

> Un día estaba Jesús orando en cierto lugar. Cuando terminó, le dijo uno de sus discípulos: —Señor, enséñanos a orar, así como Juan enseñó a sus discípulos.
>
> LUCAS 11:1 (NVI)

Señor, nos damos cuenta de que cuando oramos, estamos en un lugar de importancia estratégica. El diablo se ríe cuando estamos llenos de trabajo, pero tiembla cuando oramos. Guíanos, protégenos, y bendice nuestra vida de oración.

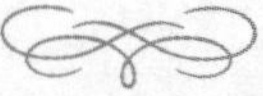

Aceptando la pobreza y la abundancia Marzo 14

¡Qué pecado más respetable es la autoconmiseración, el tenernos lástima a nosotros mismos! Puede parecer muy lógico, llegando a convencerte de que sufres terriblemente. Trae tinieblas, desesperación, y hasta enfermedad.

> He aprendido a contentarme, cualquiera sea mi situación. Sé vivir humildemente, y sé tener abundancia. En todo y por todo estoy enseñado, así para estar saciado como para tener hambre, así para tener abundancia como para padecer necesidad. Todo lo puedo en Cristo que me fortalece.
>
> FILIPENSES 4:11-13

Señor, ayúdanos a concentrar nuestras mentes en ti. Entonces aceptaremos tanto la pobreza como la abundancia, por medio de tu poder.

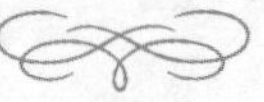

Ocúpate de las cosas de Dios Marzo 15

«¡Estoy tan ocupado! ¿Cómo puedo hallar el tiempo necesario para orar?»

Pide que Dios te perdone. Pide ser limpiado del pecado de no tener tiempo para orar. Es posible que Satanás te esté involucrando en demasiados trabajos, a fin de que no te tomes el tiempo necesario para la oración.

> Y nosotros persistiremos en la oración y en el ministerio de la palabra.
>
> HECHOS 6:4

Señor, perdónanos que a veces consideremos como mayores las cosas de menor importancia. Gracias porque *podemos* orar.

¿Por qué rebajar a los demás? Marzo 16

Evita los chismes y las calumnias. Todos seremos juzgados algún día, según las normas de Jesús y no las de los hombres. Solo tendremos que responder ante Dios por nuestras propias acciones. Recuerda que cuando señalas a una persona con un dedo, tres dedos de tu mano están señalándote a ti.

> Tú, entonces, ¿por qué juzgas a tu hermano? O tú, ¿por qué lo menosprecias? ¡Todos tendremos que comparecer ante el tribunal de Dios!
>
> ROMANOS 14:10 (NVI)

> ¿Tú quién eres, que juzgas al criado ajeno? Para su propio señor está en pie o cae; pero estará firme, porque poderoso es el Señor para hacerle estar firme.
>
> ROMANOS 14:4

Padre, perdona mis críticas.

Los hilos negros tienen su función

Marzo 17

«¿Siempre nos da Dios lo que le pedimos en oración?»

Algunas veces su respuesta es negativa. Él sabe cosas que nosotros ignoramos. Sabe y conoce todo ... y a veces su respuesta negativa es parte de su plan para nuestra vida.

> Mi vida no es sino un tejido. Lo hacemos Dios y yo.
> Él trabaja constantemente, y yo no elijo los colores.
> A veces teje tristeza, y en mi necio orgullo olvido
> que él ve la parte superior de la trama, y yo
> apenas la de abajo.
> Cuando el telar se detenga y las lanzaderas dejen de
> agitarse,
> Dios extenderá la tela, y explicará el porqué de todo.
> Los hilos negros son tan necesarios en las manos
> del tejedor, como los hilos de oro y plata en la
> tela que él diseñó.

> Señor, yo sé que tus juicios son justos,
> y que con justa razón me afliges.
>
> Salmo 119:75

Señor, es difícil aceptar una respuesta negativa. Guárdanos en humildad, paciencia y fidelidad suficientes como para que sigamos confiando. Gracias porque siempre contestas a tu manera nuestras oraciones, con un *sí* o un *no*. Qué bueno es saber que jamás te equivocas.

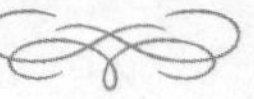

La simple verdad Marzo 18

«¡Todo es tan sencillo!»

Sí, la verdad es muy sencilla, pero muy profunda. Las complicaciones vienen de nosotros o del diablo.

> Jesús lo hizo. La Biblia lo cuenta.
> Yo lo creo. Y eso es todo.

> En el principio ya existía el Verbo.
>
> JUAN 1:1(NVI)

Gracias, Señor, porque hasta un niño pequeño puede entender la verdad.

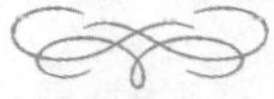

La tentación, aunque seamos suyos Marzo 19

¿Te acosan las tentaciones? Las tentaciones no son pecado. Hasta Jesús fue tentado. El Señor Jesús te da la fuerza que precisas para resistir a la tentación. Un hijo de Dios, tentado, sigue siendo hijo de Dios. Confiesa tus pecados, reclama la victoria de Jesús como victoria propia, y derrota a la tentación.

> Pues en cuanto él mismo padeció siendo tentado, es poderoso para socorrer a los que son tentados.
>
> HEBREOS 2:18

Señor, te doy gracias porque cuando le hacemos frente a la tentación, tú siempre nos das una salida.

El fabricante sabe repararlo

Solo una Persona puede limpiarnos de nuestros pecados. Es la Persona que nos hizo.

En Rusia, muchas familias vivían en una casa de departamentos. El sótano del edificio estaba lleno de objetos inútiles, arrojados allí por las distintas familias. Entre ellos había un arpa hermosa que nadie había podido arreglar.

Una noche de invierno, un vagabundo preguntó sí podía refugiarse en el edificio. Le hicieron un pequeño espacio en un rincón del sótano, y se sintió muy feliz de poder pasar allí la noche.

Un poco más tarde, los habitantes del edificio escucharon que del sótano salía una música muy hermosa. El dueño del arpa bajó corriendo las escaleras y vio que el vagabundo era quien tocaba.

—Pero, ¿cómo pudiste arreglarla? ¡Nosotros no pudimos! —exclamó.

El vagabundo, con una sonrisa, contestó:

—Yo fabriqué este instrumento hace años. Y cuando uno fabrica algo, sabe cómo repararlo.

> Todas las cosas por él fueron hechas, y sin él nada de lo que ha sido hecho, fue hecho.
>
> JUAN 1:3

Señor, tú me hiciste. ¡Qué alegría saber que estás dispuesto a repararme!

Ve las cosas tal como son

Marzo 21

La sangre de Jesús no limpia las excusas. Limpia los pecados confesados. Tenemos que humillarnos.

> La sangre de Jesucristo, su Hijo, nos limpia de todo pecado. Si decimos que no tenemos pecado, nos engañamos a nosotros mismos, y la verdad no esta en nosotros.
>
> 1 JUAN 1:7-8

Padre, ayúdanos por tu Espíritu Santo a mantener claros los ojos de nuestro entendimiento, de modo que podamos ver nuestros pecados con la severidad que se merecen. Pero ayúdanos, también, a ver el océano de tu amor y gracia.

Todos tenemos algo para dar

Marzo 22

Jesús dijo: «Negociad entre tanto que vuelvo». ¿Te parece que no tienes oportunidades de hacerlo? En Rusia conocí a una mujer que estaba enferma de esclerosis múltiple. Tenía los pies y las manos paralizados, con excepción de un dedo. Con ese único dedo escribía a máquina inspirados libros devocionales.

> Tú, pues, sufre penalidades, como buen soldado de Jesucristo.
>
> 2 TIMOTEO 2:3

¡Señor, qué alegría saber que me puedes utilizar, a pesar de mi debilidad!

Invierte, siempre

Marzo 23

El marido de esa mujer paralítica encuadernó sus mensajes escritos a máquina y, en forma de libros, los fue prestando a una persona y otra. Ella siguió escribiendo hasta el día de su muerte. Ahora está con el Señor. ¡Cuán feliz es! Y estoy segura de que en el cielo ha conocido a muchas personas que le han dicho: «Por tus escritos me encuentro aquí». No digas que te falta salud o que no tienes fuerza. ¡Esta mujer contaba con un solo dedo para la obra de Dios!

> Que prediques la Palabra. Que instes a tiempo y fuera de tiempo; redarguye, reprende, exhorta con toda paciencia y doctrina.
>
> 2 Timoteo 4:2

Señor, pedimos tu poder para servirte, sean cuales fueren las circunstancias.

Sana tus emociones

Marzo 24

Si seguimos en todas las cosas a Jesús, con frecuencia no nos entenderán. Seremos mal interpretados, y la amargura puede penetrar en nuestros corazones. Pero no es trabajo nuestro el de convencer a los amigos. Todo lo que tenemos que hacer es ocuparnos de nuestros propios pecados.

> Examíname, oh Dios, y sondea mi corazón;
> ponme a prueba y sondea mis pensamientos.
> Fíjate si voy por mal camino,
> y guíame por el camino eterno.
>
> Salmo 139:23-24

Cuando las personas me hacen enojar, o sentirme ofendido, límpiame de los pecados que surgen de mis emociones, Señor Jesús. Muéstrame en qué esferas de mi vida necesito tu perdón.

Cómo tenemos que perdonar Marzo 25

El perdón es la llave que abre las puerta del resentimiento y quita los grillos del odio. Rompe las cadenas de la amargura y del egoísmo. El perdón de Jesús no solo quita nuestros pecados, sino hace que parezca como si nunca hubiesen existido. Esta es la manera en que nosotros debemos perdonar. El Espíritu Santo nos hace capaces de hacerlo por medio del amor de Dios que pone en nuestros corazones.

> Perdonad, y seréis perdonados.
>
> LUCAS 6:37

Señor, ayúdame a perdonar como perdonas tú.

Él ama en la vida y en la muerte Marzo 26

Dos hombres murieron el mismo día; el uno en una colina, el otro en un valle. El que murió en la colina oró por los hombres que lo mataron, y durante sus terribles sufrimientos se acordó, con compasión, de su madre. Se llamaba Jesús. El otro hombre se suicidó en el árbol que había elegido. Se llamaba Judas. Cuando dejas que Jesús entre en tu corazón, él te da su amor, en la vida y en la muerte.

> Y ahora permanecen la fe, la esperanza y el amor, estos tres: pero el mayor de ellos es el amor.
>
> 1 CORINTIOS 13:13

Señor Jesús, te doy gracias porque en la vida, como en la muerte, te pertenezco. ¡Aleluya!

Él completa tu fe

Marzo 27

Dios colocó todos nuestros pecados sobre Jesús. Jesús pagó la pena correspondiente a nuestros pecados, comprándonos un lugar en el cielo. La fe en él es la llave que nos abre la puerta de la patria celestial.

> Porque por gracia sois salvos por medio de la fe; y esto no de vosotros, pues es don de Dios; no por obras, para que nadie se gloríe.
>
> EFESIOS 2:8-9

Gracias, Señor Jesús, porque podemos poner los ojos en ti, autor y consumador de nuestra fe. ¿Nos ayudarás para que esta crezca cada día?

Observemos la pascua

Marzo 28

La más preciosa bendición de la pascua es que tenemos un Salvador que vive. ¡Él ha resucitado! ¡Verdaderamente ha resucitado!

> Mas él les dijo: No os asustéis; buscáis a Jesús nazareno, el que fue crucificado; ha resucitado, no está aquí; mirad el lugar en donde le pusieron.
>
> MARCOS 16:6

Ansiamos, Señor Jesús, conservar en nuestros corazones, durante todo el año, las preciosas bendiciones de la pascua. Llena nuestros corazones por medio de tu Espíritu, con la seguridad y el conocimiento de que tú vives.

Pensar o sentir

Marzo 29

Los sentimientos vienen y van, y resultan engañosos. Mi garantía es la Palabra de Dios. No vale la pena creer en ninguna otra.

> Mas la palabra del Señor permanece para siempre. Y esta es la palabra que por el evangelio os ha sido anunciada.
>
> 1 Pedro 1:25

Ayúdanos, Señor, a gobernar nuestros sentimientos y dominarlos de manera que no nos dominen a nosotros. Recibimos órdenes de tu Palabra y del Espíritu Santo, y no de nuestras emociones.

Calma las tormentas

Marzo 30

La oración es una fuerza muy potente. En el campo de concentración, setecientas personas vivíamos en una habitación construida para doscientas. Todas estábamos sucias, nerviosas y tensas. Un día estalló una pelea horrible entre las presas. Mi hermana Betsie comenzó a orar en voz alta. Era como si una tormenta comenzara a perder su intensidad, hasta que todo estuvo en calma. Entonces Betsie dijo: «¡Gracias, Padre!». Una mujer anciana, agotada por el cansancio, fue usada por Dios, mediante sus oraciones, para salvar la situación de setecientas prisioneras.

> Exhorto, ante todo, a que se hagan rogativas, oraciones, peticiones y acciones de gracias, por todos los hombres.
>
> 1 Timoteo 2:1

Pueden llegar días de nubes y aflicciones,
Cuando el pecado tienta y los cuidados oprimen,
Pero en los días más oscuros, no temeré,
Pues entre las sombras estarás tú bien cerca.
¡Gracias, Señor Jesús!

Fuerza en soledad

Marzo 31

No debemos apoyarnos demasiado en los cultos de la iglesia. Tú y yo somos, sinceramente, lo que somos cuando estamos solos. Busca y halla tu satisfacción en Jesucristo. Habla con él, escúchalo, míralo.

> Todo lo puedo en Cristo que me fortalece.
>
> FILIPENSES 4:13

Haz, Señor, que pueda independizarme de las condiciones del momento. Te doy gracias porque eres el mismo ayer, hoy y para siempre.

Abril

Consciente de la urgencia — Abril 1

¿Podría un marinero sentarse tranquilamente, escuchar el clamor de los que se ahogan y no hacer nada?

¿Podría un médico sentarse cómodamente, sabiendo que sus enfermos se mueren?

¿Podría un bombero ver cómo perecen los hombres en un incendio, sin levantarse para dar una mano?

¿Puedes tú estar sentado ocioso, mientras te rodea un mundo que está condenado?

> Porque el que se avergonzare de mí y de mis palabras, de éste se avergonzará el Hijo del Hombre cuando venga en su gloria, y en la del Padre, y de los santos ángeles.
>
> Lucas 9:26

Oh, Señor, perdona mi ceguera del pasado en cuanto a la urgencia de anunciar el evangelio.

En la escuela de Dios — Abril 2

Mientras no hayamos nacido de nuevo, no podremos comprender los propósitos que tiene Dios para este mundo, ni lo que significa ser sus embajadores. Cuando nacemos de nuevo, conocemos realmente a Jesús. ¡Es emocionante pertenecer a la escuela de Dios! Como sus representantes personales podemos decir: «¡Haced vuestras paces con Dios!».

> El que no naciere de nuevo, no puede ver el reino de Dios.
>
> Juan 3:3

Señor Jesús, muéstrame que soy tu hijo, nacido en tu familia. ¡Qué alegría es saber que si tengo alguna duda al respecto, puedo abrir mi corazón para que entres en él, y estoy seguro de que harás el milagro mediante el cual me convertiré en hijo de Dios!

¿Y el deseo ardiente? Abril 3

No existe un ejército en el que solo pelean los oficiales.

Todo el que pertenece al ejército de Dios debe combatir. Debe hacerlo el último soldado raso. Cuando obedecemos y confiamos en las promesas, ya estamos en el terreno de la victoria, porque contamos con la capacidad del Maestro.

> Como me envió el Padre, así también yo os envío.
>
> JUAN 20:21

Dios nos dé hombres tocados con el fuego de lo alto.
Dios nos dé hombres con un amor como el del Calvario.
Dios nos dé hombres llenos de su poder.
Dios nos dé hombres para este día y esta hora.
Hombres sin miedo de buscar al perdido.
Hombres que sigan sin medir el costo.
¿Dónde están los que necesitamos?
¿Dónde están?
¿Cuándo escucharán tu llamado? ¿Cuándo, Señor,
cuándo?
Forma una hueste que arda de fuego santo,
hombres llenos de ti, y con deseos ardientes.
Hombres que te sirvan sin dudar ni temer.
Dios nos dé esos voluntarios ahora mismo.

LESLEY DOWELL

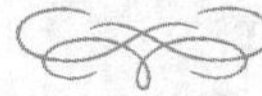

Débil pero fuerte Abril 4

En Alemania Oriental, una maestra los estaba diciendo a sus alumnos que Dios no existe. Cuando terminó su exposición, preguntó si alguien en la clase todavía creía en Dios, y una niñita se puso de pie. La maestra la obligó a quedarse después de la clase y a escribir cien veces: «No creo en la existencia de Dios». La nina no quiso hacerlo, y por lo tanto escribió: «Creo en la existencia de Dios». La maestra estaba tan furiosa, que ordenó a la alumna que escribiera en su casa, mil veces, la declaración atea. La chica la escribió a *su* manera, aunque sabía que recibiría un castigo severo al día siguiente.

> Bienaventurados los que padecen persecución por causa de la justicia, porque de ellos es el reino de los cielos.
>
> MATEO 5:10

Señor, aunque tengamos que sufrir por nuestra fe, con tu ayuda hemos de perseverar. Tu fuerza se mostrará hasta en nuestra debilidad. ¡Aleluya!

Comparte el oasis — Abril 5

Viajar con otros a través del desierto, sentir sed, encontrar una fuente, y beber de ella sin decir nada a nuestros compañeros, es exactamente lo mismo que disfrutar de Cristo y no hablar a nuestros prójimos acerca de él.

> Cada uno según el don que ha recibido, minístrelo a los otros, como buenos administradores de la multiforme gracia de Dios.
>
> PEDRO 4:10

Señor, tengo que humillarme. He sido egoísta.

La sabiduría de no saber — Abril 6

Ni la sabiduría humana ni la voz de nuestros sentidos deben emplearse para tratar de entender la Biblia. No te preocupes por lo que no entiendes de ella. Más bien debes afligirte por las cosas que sí entiendes, pero que no cumples.

> Por la fe entendemos haber sido constituido el universo por la palabra de Dios, de modo que lo que se ve fue hecho de lo que no se veía.
>
> HEBREOS 11:3

Padre, haznos saber cuando tenemos que estar satisfechos con no entender. No necesitamos poseer gran sabiduría para poder confiar en ti.

El regalo más grande Abril 7

Solo la fe logrará que veamos la realidad de la victoria de Cristo. A veces nuestros sentidos se ven limitados por nuestro intelecto. La fe, en cambio, no tiene limitaciones y ve la verdad.

> Es, pues, la fe, la certeza de lo que se espera, la convicción de lo que no se ve.
>
> HEBREOS 11:1

Gracias, Señor, porque tu locura es la mayor sabiduría. Todo lo poseemos por la fe. Ayúdanos a aceptar los grandes dones que nos ofreces. Los tomaremos y disfrutaremos de ellos, sin preocuparnos por el envoltorio en que nos llegan.

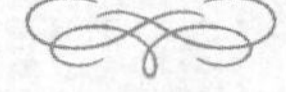

Toma la cruz Abril 8

El yo es una puerta bien cerrada. Veo muchos pecadores decentes que están presos en una cárcel espiritual porque el *yo* ocupa el trono en sus corazones, mientras Jesús sigue en la cruz. ¡Qué gran liberación es la que llega cuando Jesús limpia sus corazones con su sangre y ocupa el trono, mientras el yo ocupa su lugar en la cruz!

> El que halla su vida, la perderá; y el que pierde la vida por causa de mí, la hallará.
>
> MATEO 10:39

Señor Jesús, ven a ocupar el trono de mi vida. Estoy dispuesto a entregarme, a tomar mi cruz, y a seguirte.

El gozo de pertenecer Abril 9

> Si vacilas, y no te rindes a Jesús, podrás seguir interesado en la vida abundante, y en todas las riquezas de la libertad, el amor y la paz, pero será como mirar desde afuera los artículos expuestos en un escaparate. Miras a través del vidrio, pero no entras a comprar. Es que no cuentas con el importe para pagar el precio: la rendición total.
>
> E. Stanley Jones

> De cierto de cierto os digo, que si el grano de trigo no cae en la tierra y muere, queda solo; pero si muere, lleva mucho fruto.
>
> Juan 12:24

Señor, que alegría es ser tuyo, y vivir ahora mismo en el reino de la vida abundante, sabiendo que nos espera un futuro todavía mejor. ¡Aleluya!

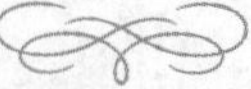

Cosas que hicimos y que dejamos de hacer Abril 10

Somos representantes del cielo en esta tierra. Aprendí de los astronautas, que fueron los representantes de la tierra en la luna, que para que tuvieran éxito era necesario ser obedientes en un cien por ciento. Jesús, mediante su obediencia al Padre, nos enseñó cómo podemos parecernos a él.

> Estando en la condición de hombre, se humilló a sí mismo, haciéndose obediente hasta la muerte, y muerte de cruz.
>
> Filipenses 2:8

Padre, si queremos llevar a otros hasta ti, debemos obedecer tu voluntad. Indícanos dónde hemos fallado.

Confiar, en obediencia

Abril 11

Un astronauta estaba haciendo perforaciones en busca de algo debajo de la corteza de la luna. El trabajo de perforar era muy duro, y le pidió permiso para descansar a su dirigente en la tierra. Se le respondió que no. El astronauta no discutió la palabra de su jefe, y siguió trabajando hasta hallar lo que buscaba.

¿Verdad que es un buen ejemplo para nosotros?

Decimos: «Señor, ¿puedo parar?».

El Señor nos responde: «No. Debes seguir».

Debemos confiar en que siendo obedientes, llegaremos a la meta.

> Dios es el que en vosotros produce así el querer como el hacer, por su buena voluntad. Haced todo sin murmuraciones y contiendas.
>
> FILIPENSES 2:13-14

Señor, que nuestra obediencia brille como una antorcha frente a los demás, instándoles con urgencia a trabajar hasta que tú declares que la obra ha sido completada.

Verlo como lo ve él

Abril 12

Debido a lo serio y peligroso de la situación, creo que los astronautas no se pelearon acerca de pequeñeces. Vieron las cosas en sus verdaderas proporciones: las cosas grandes, como grandes, y las chicas como pequeñas. Tenían fe en su jefe, en su equipo y en su vocación.

> Sobre todo tomad el escudo de la fe, con que podáis apagar todos los dardos del maligno.
>
> EFESIOS 6:16

Señor, danos una visión de nuestras vidas y del mundo que nos rodea, de modo que podamos verlo todo, por así decirlo, desde tu punto de vista.

Tu voluntad, su camino — Abril 13

Con frecuencia no vivimos a la altura de nuestras posibilidades de riquezas por no estar dispuestos a la rendición total al Señor. ¡Ríndete! Dios no puede santificar aquello que no está a su disposición. Deja que su voluntad sea tu voluntad, su camino tu camino, y toda la insuficiencia e incapacidad terrenas desaparecerán ante la suficiencia de su gracia.

> Cautívame, Señor, y libre yo seré;
> anhelo ser un vencedor, rindiéndome a tus pies.
>
> No puedo ya confiar tan solo en mi poder,
> en ti yo quiero descansar y fuerte habré de ser.
>
> George Matheson

> Humillaos bajo la poderosa mano de Dios.
>
> 1 Pedro 5:6

Señor, haz que esté dispuesto a estar dispuesto a hacer tu voluntad.

Dios quiere proveer — Abril 14

Si vives una vida de entrega total, Dios quiere y puede suplir todas tus necesidades.

> Vuestro Padre sabe de qué cosas tenéis necesidad, antes que vosotros le pidáis.
>
> Mateo 6:8

Señor, enséñame a no tratar de suplir mis necesidades con mis fuerzas. Enséname, por tu Santo Espíritu, a confiar en ti.

La conexión Jesús

Abril 15

Es Jesús el que restaura cualquier interrupción en la comunicación entre Dios y nosotros. Recuerdo cuando mi comunicación fue interrumpida por mi desobediencia. Yo dije: «Señor, iré a cualquier parte donde me quieras enviar, pero no me envíes nunca a Alemania». Cuando no recibí dirección alguna, pregunté si había algún acto de desobediencia en mi vida. El Señor me respondió: «Alemania».

En ese mismo instante decidí que obedecería, y la comunicación se estableció de nuevo. ¡Y cómo bendijo Dios el tiempo que pasé en Alemania!

> Por la fe Abraham, siendo llamado, obedeció, para salir al lugar que había de recibir como herencia.
>
> HEBREOS 11:8

Señor, yo no pido ver el futuro lejano. Me basta con ir paso a paso.

Tu mapa y tu brújula

Abril 16

Nunca temas cuando le confías un futuro desconocido a un Dios a quien conoces. Dios está buscando personas que confíen plenamente en él. Por medio de ellas mostrará su poder.

> Tú eres mi roca y mi castillo; por tu nombre me guiarás y me encaminarás.
>
> SALMO 31:3

> Cristo, mi piloto sé en el tempestuoso mar;
> fieras ondas, mi bajel van a hacerlo zozobrar.
> Mas, si tú conmigo estás, pronto al puerto llegaré.
> Carta y brújula hallo en ti, Cristo, mi piloto sé.
>
> EDWARD HOPPER

Afina el oído

Abril 17

Me preguntas: «¿Cómo haces para reconocer la voz de Dios cuando te habla?».

Te respondo con otra pregunta: «¿Cómo reconoces las voces de tus seres amados?».

Las conoces, porque las escuchas con frecuencia. Así debes escuchar, con frecuencia y en obediencia, la dulce voz de tu Dios.

> Tus oídos oirán a tus espaldas palabra que diga: Este es el camino, andad por él; y no echéis a la mano derecha, ni tampoco torzáis a la mano izquierda.
>
> ISAÍAS 30:21

Padre, haz que nuestros oídos sintonicen tu voz, de modo que siempre podamos escuchar tus órdenes y recibir tu consuelo.

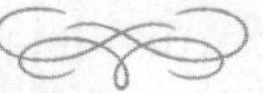

La responsabilidad del que cree

Abril 18

En este mundo enfermo y peligroso en que vivimos, tenemos una responsabilidad. ¿Quién vencerá al mundo?

El que cree que Jesús es el Hijo de Dios. Es nuestra responsabilidad anunciar la Palabra en todas partes, de modo que más personas puedan pertenecer a la familia de Dios.

> Porque todo lo que es nacido de Dios vence al mundo; y esta es la victoria que ha vencido al mundo: nuestra fe. ¿Quién es el que vence al mundo, sino el que cree que Jesús es el Hijo de Dios?
>
> 1 JUAN 5:4-5

Sí, Señor Jesús, creo que eres el Hijo de Dios. ¿Significa esto que seré utilizado para vencer al mundo? ¡Qué gracia! ¡Qué alegría indescriptible!

Qué tan buena herramienta eres

Abril 19

Lo más importante no es saber cuánto trabajo se está haciendo, sino cuánto es lo que está haciendo Jesús por intermedio de ti. Mira hacia arriba. El plafón de Dios es ilimitado. Aprende a mirar a Jesús, y hallarás que con más y más fuerza él está dirigiendo tus ojos distraídos hacia el Espíritu Santo.

> Yo sé a quién he creído, y estoy seguro que es poderoso para guardar mi depósito para aquel día.
>
> 2 TIMOTEO 1:12

Señor, toma en tus manos mi vida, mi trabajo, todo mi ser.

Conocer nos renueva

Abril 20

Un médico de la India me escribió lo siguiente: La gran recompensa por el bendito trabajo en este leprosario es ver la rapidez con que los enfermos resultan transformados en seres nuevos y felices. En el mundo hindú, los leprosos no valen nada. Y pronto aceptan esa situación. ¡Pero, cómo cambian las cosas cuando aprenden lo importante que son a los ojos de Dios!

> ¿No se venden dos gorriones por una monedita? Sin embargo, ni uno de ellos caerá a tierra sin que lo permita el Padre; y él les tiene contados a ustedes aun los cabellos de la cabeza. Así que no tengan miedo; ustedes valen más que muchos gorriones.
>
> MATEO 10:29-31 (NVI)

Padre, no importa lo que nos acontezca, pues sabemos que somos importantes a tus ojos. ¡Qué alegría! ¡Gracias por esa seguridad!

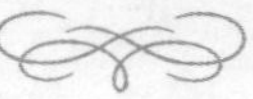

Sus misterios, para nuestro bien — Abril 21

> Su maravilloso amor es insondable,
> sus caminos son inmutables.
> Sus verdades benditas son inescrutables,
> su alabanza es inexpresable.

> A mí, que soy menos que el más pequeño de todos los santos, me fue dada la gracia de anunciar entre los gentiles el evangelio de las inescrutables riquezas de Cristo.
>
> EFESIOS 3:8

Aunque solo comprendemos una parte de tus misterios, Señor, conocemos lo suficiente para llevar las almas a ti, pues tú buscas a los perdidos y estás dispuesto a utilizarnos.

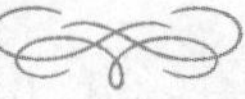

Deja que él te lleve — Abril 22

La voluntad de Dios es una carga que podemos llevar, o una fuerza que nos lleva a nosotros.

> El que halla su vida, la perderá; y el que pierde su vida por causa de mí, la hallará.
>
> MATEO 10:39

Señor, muéstrame hoy tu voluntad. Estoy feliz de poder andar por tu camino.

Tu mano en la suya

Abril 23

Por medio de su actitud cuando todo lo hubo perdido, Job puede enseñarnos una lección bien práctica. Podía decir: «El Señor dio, el Señor quitó, bendito sea el nombre del Señor».

> Aunque él me matare, en él esperaré.
>
> JOB 13:15

Gracias, Señor, porque cuando vamos tomados de tu mano, nuestro casamiento, nuestro ministerio y nuestros hijos son parte de tu plan victorioso para nuestras vidas.

Trabaja con Dios

Abril 24

Cuando trabajamos en el reino de Dios, lo hacemos con él y para él. Si trabajas *para* Dios, forma una comisión. Si trabajas *con* Dios, celebra una reunión de oración. Dios hizo milagros cuando se encontraron Pedro y Cornelio.

> Pedro subió a la azotea para orar.
>
> HECHOS 10:9

> Cornelio contestó:
> —Hace cuatro días a esta misma hora, las tres de la tarde, estaba yo en casa orando. De repente apareció delante de mí un hombre vestido con ropa brillante.
>
> HECHOS 10:30 (NVI)

Señor, qué alegría y seguridad nos da saber que podemos y debemos orar juntos.

Puentes de perdón

Abril 25

El que no puede perdonar, destruye el puente por el que deberá pasar, pues todo hombre tiene la necesidad de ser perdonado.

Con frecuencia es más difícil perdonar que pedir perdón, pero es vital hacerlo. Si no lo haces, la otra persona permanece en esclavitud, expuesta a los ataques de Satanás.

> Y cuando estéis orando, perdonad, si tenéis algo contra alguno, para que también vuestro Padre que está en los cielos os perdone a vosotros vuestras ofensas.
>
> MARCOS 11:25

Padre, recuérdanos que debemos perdonar. Con frecuencia estamos tan ocupados pidiendo nuestro propio perdón, que nos olvidamos de los demás, o deliberadamente nos negamos a perdonar.

Tus suplementos diarios

Abril 26

Pedro dijo en 2 Pedro 1:5-7: «Vosotros también, poniendo toda diligencia por esto mismo, añadid a vuestra fe virtud; a la virtud, conocimiento; al conocimiento, dominio propio, al dominio propio, paciencia; a la paciencia, piedad; a la piedad, afecto fraternal; y al afecto fraternal, amor».

¿Será esto apuntar demasiado alto? Lo sería si tú y yo tuviésemos que depender de nuestros propios esfuerzos. ¡Pero, alabado sea el Señor, todo es el fruto del Espíritu!

> Mas el fruto del Espíritu es amor, gozo, paz, paciencia, benignidad, bondad, fe, mansedumbre, templanza.
>
> GÁLATAS 5:22-23

Gracias, Señor, porque tu Espíritu Santo obra. Lléname. Tú y yo juntos, somos más que vencedores.

Habitaciones oscuras

Abril 27

El odio es como un cuarto que está oscuro durante el día. No hace falta prender todas las luces, ni gastar energía. La oscuridad desaparecerá cuando corras las cortinas y dejes entrar al sol.

Si el amor de Dios llena tu corazón, las tinieblas del odio no hallarán un lugar en él.

> El que dice que está en luz y aborrece a su hermano,
> está todavía en tinieblas.
>
> 1 Juan 2:9

Gracias, Señor, porque has traído a nuestros corazones el amor de Dios por medio del Espíritu Santo. Gracias, Padre, porque tu amor en nosotros gana la victoria sobre nuestros espíritus que no perdonan, nuestro resentimiento y nuestro odio.

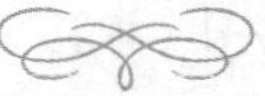

Redime también las emociones

Abril 28

A veces te preguntas: «¿Puede Jesús?».

Puedo responder que sí. Y que por medio de él tienes la victoria. No creas en lo que te dicen tus emociones. Cree en lo que te dice la Palabra de Dios. Tus emociones tienen que ser redimidas por Jesús.

> Cobarde, rebelde y débil, cambio con los cambios
> de tiempo.
> Hoy, entusiasta y valiente, mañana ni quiero empezar.
> Pero él nunca se rinde, y los dos juntos triunfaremos:
> Jesús y yo.

> Mas Jehová es el que da la victoria.
>
> Proverbios 21:31

Señor, a veces resulta muy difícil ver nuestras victorias, pero sabemos que existen. Gracias porque tu Palabra nos indica claramente que junto contigo hemos obtenido la victoria.

Asesinos que Dios usó — Abril 29

Una vez hablé a un grupo de presidiarios sobre el texto «Vosotros sois la luz del mundo». Les enseñé que después que habían recibido al Señor Jesús como su Salvador, tenían el deber de ser luces en las tinieblas de la carcel.

Uno de los hombres dijo: «Muchachos, esta mañana leí en la Biblia acerca de tres homicidas. Uno se llamaba Moisés, otro David, y otro Pablo. Los conocemos como héroes de Dios, pero los tres eran, además, asesinos. ¡Vean lo que hizo Dios con ese trío de homicidas! ¡Hay esperanza para ustedes, muchachos, y para mí!

> Vosotros sois la luz del mundo
>
> MATEO 5:14

Señor, te doy gracias porque estuviste dispuesto a usar a homicidas como Moisés, David y Pablo. Gracias, Señor, porque quieres usarme a mí, un pecador salvado por la gracia.

El verdadero artista — Abril 30

Somos vulgares tinajas de barro, llenas del tesoro de las riquezas de Dios. El recipiente no es importante. El tesoro lo es todo.

> Tenemos este tesoro en vasos de barro, para que la excelencia del poder sea de Dios y no de nosotros.
>
> 2 CORINTIOS 4:7

Padre, es una prueba de tu gloria el que algo tan común como nuestro pobre cuerpo pueda poseer tus riquezas. Solo un verdadero artista puede usar materiales tan humildes.

Mayo

Faros que muestran el camino

Mayo 1

Tanto el diablo como el Espíritu de Dios nos hacen conscientes de nuestro pecado. El diablo nos dice que el pecado que cometimos fue debido a nuestra naturaleza, y que no hay esperanza para nosotros, pues tendremos que continuar del mismo modo durante el resto de la vida. Es un mentiroso. Escucha lo que nos dice el Espíritu Santo por medio de la Biblia. Lo glorioso está en que el Espíritu de Dios envía su luz intensa sobre la cruz.

> En la tormenta es mi sostén
> el pacto que juró y selló;
> su amor es mi supremo bien,
> su amor que mi alma redimió.
> La roca eterna que me da
> base única que durará.
>
> EDWARD MOFTE

> Estando en la condición de hombre, se humilló a sí mismo haciéndose obediente hasta la muerte.
>
> FILIPENSES 2:8

Gracias, Espíritu Santo, porque tú alejas nuestros ojos de nuestros pecados y los diriges a la cruz.

Interferencia de un amigo

Mayo 2

Jesús fue de una victoria a otra, y no de la derrota a la victoria como nosotros. ¡Jesús oró por ti y por mí hace dos mil años!

> No ruego solamente por estos, sino también por los que han de creer en mí por la palabra de ellos.
>
> JUAN 17:20

Gracias, Señor Jesús, porque tú fuiste en el pasado mi intercesor, y porque también actualmente eres el que intercede por mí.

Lo que valemos, su obra en nosotros

Mayo 3

Busca al Señor. Sigue buscándolo por medio de la oración, del estudio bíblico y la comunión con otros cristianos. Dale la oportunidad de multiplicar aquello que te ha otorgado. Él ansía poner sus recursos a tu disposición, y se entristece más frente a los cristianos impotentes que ante los ateos poderosos.

> Poderoso es Dios para hacer que abunde en vosotros toda gracia, a fin de que, teniendo siempre en todas las cosas todo lo suficiente, abundéis para toda buena obra.
>
> 2 CORINTIOS 9:8

Señor, te buscamos continuamente para que tú nos hagas de mayor valor en tu obra. Pero qué alegría hallaremos, porque tú nos hallaste primero. ¡Aleluya!

Cuando la ley nos deja preguntas

Mayo 4

La ley es útil, pero no nos proporciona una respuesta completa. Nos muestra nuestros pecados, pero como respuesta al problema de estos, nos hace falta la gracia.

> «¡Corre, Juan, corre!», nos ordena la ley,
> pero no nos da ni pies ni manos.
> El evangelio trae noticias mejores,
> pues nos dice que volemos y nos da alas.
>
> JUAN BUNYAN

> Te basta con mi gracia, pues mi poder se perfecciona en la debilidad.
>
> 2 CORINTIOS 12:9 (NVI)

Señor, te agradezco que nos hayas dado tanto la ley como la gracia.

Basta con un puñado

Según una historia imaginaria, cuando el Señor Jesucristo había vuelto al cielo, los ángeles le dieron una bienvenida fantástica, y lo rodearon para hacerle mil preguntas acerca de su muerte, resurrección y ascensión.

—¿Qué significa todo aquello? —le preguntaron.

—La redención del mundo.

—Pero tú has vuelto al cielo. ¿Cómo se enterará el mundo?

—He preparado a mis hombres.

—¿Para evangelizar a todo el mundo?

—Sí, hasta en los rincones más distantes.

—¿Cuántos hombres preparaste para una tarea tan enorme?

—Apenas un puñado.

—¿Un puñado? ¿Y si fracasan?

—Si fracasan, no tengo otros planes.

—¿No estás corriendo un riesgo muy grande?

—No. Porque no fracasarán.

> Viéndolo ellos, fue alzado, y le recibió una nube, que le ocultó de sus ojos.
>
> HECHOS 1:9

Señor Jesús, gracias por la fe que nos tienes, y por la fe que te tenemos, la que impide que caigamos.

Lo que Jesús quiere saber

Mayo 6

A veces se me pregunta sí una persona puede salvarse con tanta rapidez. Yo respondo citando el caso de Leví, el cobrador de impuestos que cerró su oficina y siguió a Jesús.

«Pero es que era *Jesús* el que lo llamó a seguirle», me contestan.

Sí, es cierto. Pero, ¿quién es el que ahora convierte a la gente? ¡No somos nosotros! *Jesús* invita a que le sigan, nos emplea a nosotros, y las personas le dicen que sí *a él*.

> Dios es el que en vosotros produce así el querer como el hacer, por su buena voluntad.
>
> FILIPENSES 2:13 (NTV)

Cuando tú nos invitas, Señor, darte un simple *sí* es todo lo que necesitamos para comenzar la vida cristiana. No importa cuál sea el maestro humano que utilizas en nuestra conversión. Lo que importa es la obra que tú haces por medio de él.

Fíjate en la gente de la Biblia

Mayo 7

Estudia la Biblia, y verás cómo se portaron los distintos personajes, y cómo trató Dios con ellos. Hay enseñanzas explícitas sobre todas las condiciones humanas. Con frecuencia recibimos una respuesta a nuestras preguntas cuando estudiamos la vida de los personajes bíblicos.

Leamos el relato de Lucas 8:22-25. Jesús dormía, y la vida de los discípulos estaba en peligro. Tenían mucho miedo. Pero Jesús se despertó, y se produjo la calma.

> Se decían unos a otros: «¿Quién es éste, que manda aun a los vientos y al agua, y le obedecen?».
>
> LUCAS 8:25 (NVI)

Haz que nuestra vista siempre vaya dirigida hacia ti, Señor Jesús.

Esos pecados menores... Mayo 8

Muchas personas no aceptan a Jesús, porque hacerlo significaría que tendrían que dejar algún pecado al que le han tomado cariño. Saben que son demasiado débiles. Pero, si colocan sus vidas en las manos de Jesús, él podrá darles la fuerza que necesitan. Nuestros pecados pequeños son tan mortíferos como los grandes. ¿Por qué al Señor solo le confiamos los grandes? Por cierto que, si pudo salvar nuestras almas, puede guardarnos de nuestros pecados pequeños. Pecados como estos: la gula, los chismes y la autoconmiseración.

> Tomo la vida de victoria.
> No yo, sino Cristo mismo en mí.
> Él vence y me libera.
> Él da y yo recibo la victoria.

> Porque cuando soy débil, entonces soy fuerte.
>
> 2 CORINTIOS 12:10

Señor, cuando me miro tengo que humillarme. Te doy gracias porque me conoces, y eres victorioso. Ayúdame a desprenderme de mi pecado, Señor.

¡No desistas! Mayo 9

Gedeón no era un hombre muy hábil, ni muy fuerte, pero el Señor estuvo con él, dándole la fuerza que precisaba. Es por eso que se lo denomina «varón esforzado y valiente».

> Jehová dijo: Vé con esta tu fuerza.
>
> JUECES 6:14

Gracias, Señor, ya que porque tú estás con nosotros, tendremos poder y fortaleza en las batallas que tenemos por delante. Puestas nuestras débiles manos en tu mano fuerte, ya estamos pisando el terreno de la victoria. ¡Aleluya!

En sintonía con la iglesia — Mayo 10

Hay esperanza para el peor de los pecadores si confiesa sus pecados y es limpiado por la sangre de Jesús. Cuando está lleno del Espíritu Santo, cualquier hombre puede ser la luz de la tierra. Las iglesias no carecen de grandes eruditos y cere bros privilegiados. Carecen de hombres y mujeres que estén dispuestos a ser vehículos del poder de Dios. Carecen de aquello que estaba disponible en Pentecostés.

> Recibiréis poder, cuando haya venido sobre vosotros el Espíritu Santo.
>
> HECHOS 1:8

Señor, haz que hoy mismo pueda ser un transmisor de bendiciones.

El espíritu también respira — Mayo 11

La oración se parece al acto de respirar de nuestros pulmones. Al exhalar nos libramos del aire sucio. Al inhalar recibimos aire limpio. Exhalar es confesar. Inhalar es ser lleno del Espíritu Santo.

Tengo que confesar que con frecuencia tengo preocupaciones. Entonces hablo con mi Padre celestial. Uso la palabra *perdóname* antes de usar la frase *dame, por favor.*

> ¿Tienes ríos que no puedes cruzar?
> ¿Montañas que no puedes perforar?
> Nuestro Dios se especializa en
> aquello que parece imposible...
> Hace lo que nadie puede hacer.

> Perseverad en la oración.
>
> COLOSENSES 4:2

Gracias, Espíritu Santo, porque nos enseñas a respirar bien espiritualmente.

Una semilla es suficiente Mayo 12

Hay quienes creen que soy una persona de mucha fe. No es así. No tengo una gran fe, sino fe en un gran Dios. Jesús dijo que si tenemos fe del tamaño de una semilla de mostaza, podremos mover montañas. Nos parece que quiere decir que lo importante no es la cantidad, sino la calidad. Lo hermoso es que el Espíritu Santo esté dispuesto a introducir la fe en nuestros corazones. Su fe dentro de nosotros tiene poder, del mismo modo que una semillita de mostaza tiene poder para producir fruto.

> El reino de los cielos es semejante al grano de mostaza.
>
> MATEO 13:31

Espíritu Santo, que nuestra fe en ti florezca y traiga fruto.

La antecámara del cielo Mayo 13

Somos hijos de Dios. Estamos en medio de la campaña más gloriosa a la que puede entrar un ser humano. Estamos andando por el camino más noble que ha conocido la humanidad. Nuestra vida es una escuela preparatoria, una antecámara del cielo. Nuestras mayores alegrías son apenas las primicias y un atisbo del gozo eterno que nos espera.

> Jesús ... el cual por el gozo puesto delante de él, sufrió la cruz, menospreciando el oprobio, y se sentó a la diestra del trono de Dios.
>
> HEBREOS 12:2

Señor, mantenme cerca de tu corazón, de modo que tu gozo sea mi fortaleza.

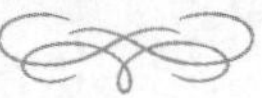

Me entrego de nuevo — Mayo 14

En cierta ocasión, el Señor le dijo a un evangelista muy fiel: «Tú has estado trabajando para mí durante siete años. Todo ese tiempo, he estado esperando el momento en que yo pudiese comenzar a trabajar por intermedio tuyo». El hombre comprendió, y le entregó su obra totalmente al Señor. Desde ese momento, comenzaron a producirse grandes bendiciones en su ministerio.

> Yo soy la vid, vosotros los pámpanos. El que permanece en mí, y yo en él, éste lleva mucho fruto; porque separados de mí, nada podéis hacer.
>
> JUAN 15:5

Señor, muéstrame cómo puedes trabajar a través de mí. Deseo llevar mucho fruto para tu gloria. De nuevo me entrego, y entrego mi trabajo, en tus manos.

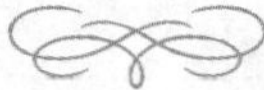

Es una promesa — Mayo 15

La iglesia necesita, más que nunca antes, el poder y los dones del Espíritu Santo. La Biblia nos da promesas especiales.

> Recibiréis poder, cuando haya venido sobre vosotros el Espíritu Santo.
>
> HECHOS 1:8

Gracias, Señor, por estar dispuesto a utilizarme en el mundo y en la iglesia, y porque me darás todo el poder que precise por medio del Espíritu Santo.

Somos guantes

Mayo 16

Tengo un guante en la mano. El guante por sí solo nada puede hacer, pero cuando mi mano está metida en él, puede hacer muchas cosas. Es verdad que no es el guante sino la mano la que actúa. Somos guantes. El Espíritu Santo en nosotros es la mano que hace la obra. Tenemos que darle lugar a la mano, de manera que todos los dedos del guante estén ocupados.

> Espíritu de gracia, mora en mí.
> Yo también quisiera mostrar tu gracia,
> revelando tu vida en mí,
> con palabras que ayuden y sanen, y con acciones
> humildes
> pero valientes, que hablen por mi Señor.
>
> Tomás Lynch

> Dios es quien produce en ustedes tanto el querer como el hacer para que se cumpla su buena voluntad.
>
> Filipenses 2:13 (NVI)

Gracias, Señor, porque yo soy apenas un guante, y el Espíritu Santo es la mano.

Fuerza y más fuerza

Mayo 17

La fuerza de que podemos valernos, según la Palabra de Dios, no depende de las circunstancias. Estas serán difíciles, pero nuestra fuerza será suficiente.

> Entiendan la increíble grandeza del poder de Dios para nosotros.
>
> Efesios 1:19 (NTV)

En las buenas como en las malas, tú nos das la fuerza que necesitamos. Nos consuela saber que tenemos disponible esa reserva. Gracias, Padre.

Caminar en poder

Mayo 18

No solo debemos aprender a ser llenados del Espíritu Santo. Debemos aprender a seguir llenos. Esto lo hacemos si nos volvemos sensibles a su obra dentro de nosotros. Necesitamos conocer que el secreto de andar en el Espíritu está en confesar inmediatamente nuestros pecados y, por la fe, pedirle a Dios que nos llene de nuevo.

> ¡Cuánto más el Padre celestial dará el Espíritu Santo a quienes se lo pidan!
>
> LUCAS 11:13 (NVI)

Gracias, Señor, porque tú nos has dicho: «Sed llenos de mi Espíritu». Haz que nos demos cuenta de que si obedecemos ese mandamiento, podemos vivir victoriosamente, para tu gloria.

Haz lugar para el Espíritu

Mayo 19

Una señora quiso tener una reunión casera de estudio bíblico. Su hermano no creía que tendría éxito. Al día siguiente, la señora le dijo con orgullo que el cuarto había estado lleno de mujeres. La semana siguiente, le dijo que había estado más lleno, y en la tercera semana, más lleno todavía.

El hermano le dijo: «¡Eso es imposible! Cuando un cuarto está lleno, no puede estar *más* lleno».

Ella le contestó sonriendo: «¡Sí, es posible, porque cada semana saqué algunos muebles más!».

Puedes estar lleno del Espíritu Santo, y sin embargo ser llenado más. ¡Tal vez sea necesario sacar algunos muebles de tu corazón!

> Habite Cristo por la fe en vuestros corazones.
>
> EFESIOS 3:17

Señor, indícame si necesitas más lugar en mi corazón para tu Santo Espíritu. Es un gozo sacar aquellas cosas que pueden ser un estorbo.

De todo corazón

Mayo 20

Las personas que oran por un avivamiento en el mundo, ciertamente están haciendo la obra de Dios. Pero, para que se produzca un avivamiento, debe haber quienes estén dispuestos a entregarse en forma total a la causa del evangelio.

> Hacedlo … para el Señor, y no para los hombres.
>
> COLOSENSES 3:23

> Manda, oh Señor, avivamiento aquí.
> Por el Espíritu, trabaja en mí;
> suple en tu amor mi gran necesidad,
> tu bendición celeste, ahora da.
>
> J. EDWIN ORR

Señor, cualquiera sea la tarea que has escogido para mí, dame la fe y el poder para realizarla de todo corazón.

Todavía falta lo mejor

Mayo 21

Cuando yo era una adolescente, mi padre me pidió que fuese a visitar a las recluidas en la cárcel de mujeres de nuestra ciudad. Me negué a hacerlo, porque tenía miedo a las cárceles. Ahora, luego de haber estado presa, no tengo miedo. Y hasta me agrada poder hablar con los presos, porque sé, personalmente, lo que se siente al estar detrás de una puerta que solo se abre desde afuera. Pero tambien sé que si estoy con Jesús, y sucede lo peor, permanece lo mejor, y su luz brilla con más fuerza en las tinieblas más oscuras.

> Acordaos de los presos, como si estuviérais presos juntamente con ellos; y de los maltratados, como que también vosotros mismos estáis en el cuerpo.
>
> HEBREOS 13:3

Señor, gracias porque no nos das un Espíritu de cobardía, sino de poder, de amor y de dominio propio.

Escuela celestial

Mayo 22

Tres veces, en mi vida, se cerraron tras de mí las puertas de una cárcel. Eran situaciones muy difíciles. Muchos sentimos que se cierran puertas detrás de nosotros cuando se nos presentan problemas insolubles. Aprendí, como lo aprenderás tú, que es una de las clases más difíciles de la escuela de la vida. Pero se aprende mucho cuando el maestro es capaz. Mi maestro fue el Señor, y está dispuesto a ser el tuyo.

> SEÑOR, hazme conocer tus caminos;
> muéstrame tus sendas.
> Encamíname en tu verdad, ¡enséñame!
> Tú eres mi Dios y Salvador;
> ¡en ti pongo mi esperanza todo el día!
>
> SALMO 25:4-5 (NVI)

Somos alumnos dispuestos a aprender, Señor. El aula la elegiste tú, y las lecciones son parte de tu plan para nosotros. Gracias, porque tu Espíritu Santo nos enseña cómo estar dispuestos a aprender en tu escuela.

La paz que él prometió

Mayo 23

Jesús no prometió que cambiaría las circunstancias que nos rodean. Prometió una gran paz y una alegría pura a aquellos que llegaran a creer que Dios realmente tiene el control sobre todas las cosas.

> Gozaos por cuanto sois participantes de los padecimientos de Cristo, para que también en la revelación de su gloria os gocéis con gran alegría.
>
> 1 PEDRO 4:13

Hágase tu voluntad, Padre. Enséñanos que eres tú, y no nosotros, quien controla nuestra vida para nuestro bien.

Incapaces pero elegidos — Mayo 24

Dios mismo es la dinamita que llena todas las exigencias. Él siempre suministra el poder para hacer todo lo que desea que hagamos. Con el tiempo nos daremos cuenta, más y más, de que no somos elegidos por nuestra capacidad, sino debido a su poder, que se demostrará al ser nosotros capaces de hacer lo que él mande. Jesús fue, es y será el vencedor, y está dispuesto a hacer que tú y yo seamos más que vencedores.

> A Dios gracias, el cual nos lleva siempre en triunfo en Cristo Jesús, y por medio de nosotros manifiesta en todo lugar el olor de su conocimiento.
>
> 2 Corintios 2:14

Gracias, Señor, por la tremenda realidad de tu victoria sobre los problemas de hoy y los de mañana.

Tus preocupaciones — Mayo 25

Si una preocupación es demasiado pequeña para que la conviertas en una oración, es demasiado pequeña para que te resulte una carga.

> «¡Echa todas tus cargas sobre Dios!
> Es un ancla que está firme».
>
> Alfred Lord Tennyson

> Orando en todo tiempo, con toda oración y súplica en el Espíritu.
>
> Efesios 6:18

Recuérdanos, Padre, que tenemos la respuesta a nuestras preocupaciones. Danos una visión clara de nuestros problemas y tus respuestas.

El valor de uno solo

Mayo 26

El hermano Andrés, conocido como «el contrabandista de Dios», me escribió como sigue:

> Recorrí todos los países comunistas. Un día estuve en la Plaza Roja de Moscú viendo marchar a miles de soldados que cantaban y gritaban: «Vamos a conquistar el mundo».
>
> Yo estaba parado solo, y hubiese tenido miedo sí no hubiera conocido las Sagradas Escrituras. Recorde las palabras: «Mayor es el que está en vosotros que el que está en el mundo». Me sentí muy bien. Un solo hombre era más que todo el Ejército Rojo.

> No temas, porque yo estoy contigo; no desmayes, porque yo soy tu Dios que te esfuerzo. Siempre te ayudaré, siempre te sustentaré con la diestra de mi justicia.
>
> Isaías 41:10

Mi mano ten, Señor, que yo soy débil,
sin ti no puedo riesgos afrontar.
Tenla, Señor, mi vida el gozo llene,
al verme libre, así de todo azar.

Thomas Westrup

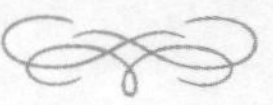

¿Dónde encuentro fe para seguir? Mayo 27

Conocí a un joven que había sido un criminal. Me dijo que consideraba que debía pagar sus culpas, e indemnizar en lo posible a aquellos a quienes había dañado.

—Eso significa que tendré que ir a la cárcel por un mínimo de dos años.

Le pregunté:

—¿Cómo quieres que ore por ti?

Respondió:

—Ruegue que Dios proteja mis períodos de recogimiento y comunión con él, y que quite mis temores.

¡Que fuerza había recibido ese joven del Señor! ¡Con cuánta frecuencia nos negamos a practicar la restitución o a indemnizar porque nos resulta muy difícil!

> Yo, Señor, soy tu siervo; soy siervo tuyo, tu hijo fiel;
> ¡tú has roto mis cadenas!
>
> Salmo 116:16 (NVI)

Señor, lo que nos pides puede resultarnos desagradable. Solo te pedimos que nos des la fe necesaria para seguir el camino que nos indiques, y que nos des la fuerza necesaria para obedecer.

Échalo sobre sus hombros Mayo 28

No se nos llama a ser portadores de cargas, sino a ser portadores de cruces y portadores de luz. Tenemos que echar nuestras cargas sabre el Señor.

> Encomienda al Señor tus afanes, y él te sostendrá;
> no permitirá que el justo caiga y quede abatido para siempre.
>
> Salmo 55:22 (NVI)

Señor, el poder echar nuestras cargas sobre ti hace que sea posible que continuemos nuestro camino con alegría. Gracias.

La fuerza que más importa Mayo 29

Nosotros mismos no somos capaces de sufrir con valor, pero el Señor posee toda la fuerza de que carecemos, y él demostrará su poder cuando tengamos que soportar la persecución. Que tengamos mucha o poca fuerza para resistir, o que no tengamos ninguna, no tiene importancia. Para Jesucristo es igual.

> Por tanto, de buena gana me gloriaré más bien en mis debilidades, para que repose sobre mí el poder de Cristo.
>
> 2 Corintios 12:9

Gracias, Señor, porque nuestra fuerza no tiene importancia, y porque tu fuerza y tu poder se demostrarán aun en nuestra debilidad.

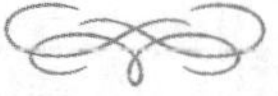

Él puede. Él se ocupa Mayo 30

Alguien me dijo: «Cuando estoy afligida, voy al espejo y me digo: "Este tremendo asunto que me preocupa, no tiene solución. Sobre todo, es demasiado difícil para que lo resuelva Jesucristo". Después de decir eso, sonrío, y tengo vergüenza».

> Por nada estéis afanosos, sino sean conocidas vuestras peticiones delante de Dios en toda oración y ruego, con acción de gracias. Y la paz de Dios, que sobrepasa todo entendimiento, guardará vuestros corazones y vuestros pensamientos en Cristo Jesús.
>
> Filipenses 4:6-7

Señor, enséñame a sonreir frente a mis preocupaciones. Perdóname y límpiame de mi incredulidad.

El futuro es tuyo

Mayo 31

Tenemos en los cielos a un Padre que es omnipotente. Confía en él, y pronto experimentarás milagros. ¿Se presenta en forma amistosa tu futuro esta mañana? Recuerda que Dios maneja los controles.

> Confía siempre en él, pueblo mío;
> ábrele tu corazón cuando estés ante él.
> ¡Dios es nuestro refugio!
>
> SALMO 62:8 (NVI)

Si solo estamos dispuestos a abrir los ojos, vemos tus milagros todos los días, Señor.

Junio

Cede el paso y llegarás
Junio 1

Un misionero me escribió como sigue: «A veces la adversidad me tienta, y me desaliento frente a lo que parece un fracaso. Pero me animo y sigo de nuevo, recordando que Dios no me hace responsable por mis éxitos, sino por mi fidelidad».

Jesús dijo: «Bien hecho, buen siervo y fiel». No dijo: «Bien hecho: siervo que has tenido éxito».

> Si alguno me sirve, sígame; y donde yo estuviere, allí estará mi servidor. Si alguno me sirviere, mi Padre le honrará.
>
> JUAN 12:26

Padre, enséñanos a ceder. Lo que no tienes a tu disposición, no lo puedes santificar, del mismo modo en que el alfarero no puede darle forma a la arcilla si ella no está totalmente en sus manos.

La clave está en aceptar
Junio 2

Las condiciones varían continuamente, y por ello no debo depender de ellas. Lo que importa de un modo supremo es mi alma y mi relación con Dios. Dios, mi Padre, se preocupa de mí. Hasta mis cabellos están contados. Lo que Dios desea y permite es necesariamente para mi bien.

> Como el barro en mano del alfafero, así sois vosotros en mi mano.
>
> JEREMÍAS 18:6

Padre, a veces discutimos en contra de tu voluntad, esperando poder evitar algunas dificultades en nuestras vidas, aunque ellas sean, al final, para nuestro bien. Ayúdanos a aceptar lo que nos envías.

La teología del tonto
Junio 3

Un pájaro carpintero picoteó el tronco de un árbol, justamente en el momento en que un rayo cayó sobre este y lo destruyó. El pájaro siguió su vuelo, diciéndose: «¡Yo no sabía que mi pico tuviese tanta fuerza!». Cuando anunciamos el evangelio, existe el peligro de que pensemos o digamos: «¡Qué buen trabajo he hecho!». ¡No seas tan necio como el pájaro carpintero! Recuerda de dónde viene tu fuerza. Solo el Espíritu Santo puede hacer que un mensaje sea bueno y fructífero.

> No es cuestión de *intentar,* sino de *confiar.*
> No es cuestión de *hacer,* pues *todo ha sido hecho.*
> Dios tiene planeadas para nosotros grandes
> victorias por medio de su Hijo.

> ¿Quién puede proclamar las proezas del Señor,
> o expresar toda su alabanza?
>
> Salmo 106:2 (NVI)

Espíritu Santo, haznos celosos del honor de Dios.

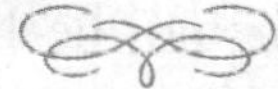

El cielo raso de la catedral
Junio 4

Procura mirar a lo lejos con frecuencia. Para los ojos es más sano mirar hacia arriba que hacia abajo. Las promesas de Dios son como un fuego en nuestra estufa hogareña, en el que podemos calentar nuestras manos y nuestros corazones.

> Y nosotros no hemos recibido el espíritu del mundo, sino el Espíritu que proviene de Dios, para que sepamos lo que Dios nos ha concedido.
>
> 1 Corintios 2:12

Padre, gracias por tus promesas, que iluminan nuestro camino y aclaran cuál es nuestra parte dentro de tu plan.

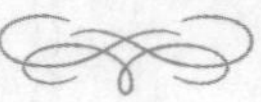

¿Quién carga qué cosa? Junio 5

William Nagenda, el evangelista africano, cuenta que su hijito de tres años fue a esperarlo en la estación. El chico le dijo:

—Papá, quiero llevar tu maleta.

El padre no quiso desanimarlo, y entonces le dijo:

—Pon tu mano sobre la mía.

Y así llevaron a casa la maleta entre los dos. Cuando llegaron, el niño le dijo a su madre:

—¡Yo le llevé la maleta a papá!

Cuando tenemos cargas pesadas, y logramos llevarlas poniendo nuestras débiles manos en la mano fuerte del Señor, es necio decir: «He llevado la carga». Debemos darle al Señor todo el honor que le pertenece.

> Permaneced en mí y yo en vosotros. Como el pámpano no puede llevar fruto por sí mismo si no permanece en la vid, así tampoco vosotros, si no permanecéis en mí.
>
> JUAN 15:4

Señor, cuando me entregas una carga que debo llevar, me das con ella la fuerza para hacerlo. Perdónanos si, de un modo infantil, suponemos que hemos hecho la obra solos.

Dios jamás olvida una promesa Junio 6

Un moribundo dijo: «En este momento no puedo recordar ni una sola promesa, pero eso no importa. Dios no se olvida de ninguna».

> No cesamos de orar por vosotros, y de pedir ... que andéis como es digno del Señor ... fortalecidos con todo poder, conforme a la potencia de su gloria, para toda paciencia y longanimidad.
>
> COLOSENSES 1:9-11

Gracias, Señor, porque tus promesas valen para siempre.

Ríndete de nuevo

Junio 7

Oswald Smith cuenta la siguiente ilustración acerca de la entrega total. Él toma cuatro libros en la mano, y luego los coloca en el podio, uno tras otro.

«Este es mi dinero, este es mi tiempo, esta es mi casa, esta es mi familia. Todos son del Señor».

«Pero he reservado un alojamiento para mis vacaciones. El dinero me lo guardaré». Entonces retira el primer libro.

«Sí, es cierto que entregué mi tiempo. Pero el tiempo de mis vacaciones es mío». Y retira el segundo libro.

«Mi casa es del Señor. Pero mi hermana está enferma, y tiene seis hijos malcriados. No puedo invitarlos a mi casa nueva. Me la ensuciarán». Y retira el tercer libro.

«Mi familia es del Señor. Mi hija quería ser misionera. Pero es imposible. Tiene que quedarse a ayudar a su mamá». Y retira el cuarto libro.

Después de escuchar esa historia, vi que en mi vida había luego quitado aquello que antes había entregado. Dediqué mi vida de nuevo al Señor. Tenemos que hacerlo vez tras vez. (Por experiencia sé, por cierto, que Dios nos da vacaciones, pero cuando las aceptamos como de su mano y no como un derecho nuestro, llegan a ser de bendición para aquellos con quienes viajamos y que llegamos a conocer.)

> ¿Acaso no saben que su cuerpo es templo del Espíritu Santo, quien está en ustedes y al que han recibido de parte de Dios? Ustedes no son sus propios dueños; fueron comprados por un precio. Por tanto, honren con su cuerpo a Dios.
>
> 1 Corintios 6:19-20 (NVI)

Que mi vida entera esté consagrada a ti, Señor.

La entrega es lo más seguro

Junio 8

Un próspero hombre de negocios me dijo que se había entregado al Señor. Le pregunté si se había entregado un cien por ciento.

Me respondió que no.

—Solamente un noventa y cinco por ciento, pues en mi trabajo tengo que respetar las decisiones de algunos otros.

Entonces le pregunté:

—¿Ha mirado usted, alguna vez, de frente a la muerte?

—Sí. Durante la guerra.

—¿Y entonces se entregó en un cien por ciento?

—¡Sí!

—Pues bien, usted está frente a la muerte tanto ahora como en la guerra. Ella puede llegar en cualquier momenta. Todos sabemos que tendremos que morir, y que puede ser hoy. ¡Ríndase en un cien por ciento!

¡Qué seguridad nos da, en la vida y en la muerte, pertenecer a Jesucristo en cuerpo, alma y espíritu!

> Cuando nuestro Capitán nos dice: «¡Id!»,
> no podemos murmurar y decirle que no.
> El que nos da la espada y el escudo,
> elige también el campo de batalla
> en que debemos combatir al enemigo.

> Te alabaré, Señor, entre los pueblos;
> te cantaré salmos entre las naciones
>
> Salmo 108:3 (NVI)

Señor Jesucristo, que tus deseos estén siempre por encima de los nuestros; tus mandamientos arriba de los del mundo. Que tu gloria sea sobre todas las glorias, ahora y siempre.

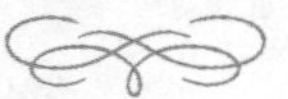

Una gema indestructible

Junio 9

La Biblia es indestructible. Voltaire creía que después de cincuenta años de su muerte, no existiría una sola Biblia en el mundo. Su casa es, en la actualidad, un centro de distribución de Biblias en muchos idiomas.

> El cielo y la tierra pasarán, pero mis palabras no pasarán.
>
> MARCOS 13:31

Un tesoro tan maravilloso jamás perderá su brillo. Estará disponible para los hijos de nuestros hijos. Te damos gracias, Padre, por este precioso legado.

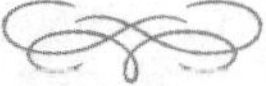

Una guía solo para sus hijos

Junio 10

Dios guía a todos aquellos de sus hijos que piden ser guiados. Si te sientes tentado por tus propios deseos humanos, sométete a él. La guía u orientación divina no llega automáticamente. Recibir la dirección de Dios no es un método, sino una técnica que hay que aprender. Es algo sumamente personal.

> Hablamos, no con palabras enseñadas por sabiduría humana, sino con las que enseña el Espíritu.
>
> 1 CORINTIOS 2:13

Señor, enséñame cómo recibir tu dirección. Hazme consciente de tu dulce orientación en mi vida.

Ajustes espirituales Junio 11

Cuando te hayas sometido a la dirección de Dios, verás que él ha tomado la iniciativa en tu vida, ajustando y reordenando cuando tú te apartas del camino. Descubrirás que sus exigencias nunca son mayores que lo que tú podrás hacer por medio de su poder.

> Amargos tiempos hubo en que tu gracia no
> supliqué;
> de mi valor, fiando en la eficacia, no tuve fe.
> Mas hoy deploro aquella ceguedad.
> Dame, oh Señor, tu grata claridad.
>
> J. H. Newman

> Donde no hay dirección sabia, caerá el pueblo.
>
> Proverbios 11:14

Padre, perdona la terquedad de mi pasado, y sé mi guía.

Él te llevará a casa Junio 12

Mucho de lo que hacemos en nuestras propias fuerzas tiene que ser limpiado. Pero aquello que hacemos por medio del Señor, vale para el tiempo y la eternidad.

> Cuando Jesús te toma la mano, te mantiene bien cerca de su persona. Cuando Jesús te mantiene cerca, te guía a través de la vida. Cuando Jesús te guía a través de la vida, te lleva seguro y salvo al hogar.
>
> Casper ten Boom

> Guárdame oh Dios, porque en ti he confiado.
>
> Salmo 16:1

Guárdame seguro en tus manos, Señor Jesús, guiándome en todo lo que yo haga para tu honor.

No hace falta ser físico aeronáutico Junio 13

La intervención directa de Dios sucede, generalmente, con el fin de ajustar o corregir el camino de sus hijos. El científico espacial hace una corrección durante el vuelo de un cohete dirigido hacia la luna, y este hecho se parece a la dirección de Dios, que opera de un modo tan natural, que un cristiano guiado por el Espíritu Santo no se dará cuenta cuando ella se produce. Con frecuencia, en el eterno consejo de Dios, ella ha operado antes que la descubramos.

> Guíame, SEÑOR, por tu camino;
> dirígeme por la senda de rectitud,
> por causa de los que me acechan.
>
> SALMO 27:11 (NVI)

Padre, muéstranos el camino que deben seguir nuestras vidas. Dirígenos aunque no percibamos tu influencia en nuestras direcciones.

El piloto es el Espíritu Junio 14

La entrega a Dios se asemeja al acto de subir a un avión. Una vez que estés a bordo, no tienes por qué preocuparte por la dirección, pues ella es trabajo del piloto. Tu responsabilidad es no equivocarte de avión, y cuando sea necesario, cambiar de un avión a otro. El piloto tiene que conducir, y el piloto es el Espíritu Santo.

> Yo soy Jehová, Dios tuyo, que te enseña provechosamente, que te encamina por el camino que debes seguir.
>
> ISAÍAS 48:17

Padre, te doy gracias porque el Espíritu Santo controla mi vida, llevándome por el camino que escogiste para mí.

La sinceridad puede fallar

Junio 15

La sinceridad no basta para dirigirme. La sinceridad puede decir: «Estoy seguro de que este avión va a Nueva York». Lo crees sinceramente, pero si el destino del avión es Miami, irá a Miami, y tu sinceridad no podrá cambiar en absoluto el curso de su vuelo.

> Hay camino que al hombre le parece derecho, pero su fin es camino de muerte.
>
> PROVERBIOS 14:12

Padre, con frecuencia creemos estar obrando bien, aun cuando estemos equivocados. Danos sabiduría por medio de tu Espíritu Santo. Guíanos para que cumplamos tu voluntad y no la nuestra.

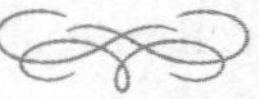

Por tus propios medios puedes fallar

Junio 16

¿Procuras a veces llevar una vida santa por tus propios esfuerzos y te preguntas el porqué de tu fracaso? ¿Puede una escoba pararse sola? No. Tiene que ser sostenida, o apoyada contra algo.

Así es con nosotros. Necesitamos de un apoyo tanto como lo necesita la escoba. Es necesario someternos al Único que puede hacer que nos mantengamos erguidos, de pie.

> Y a aquel que es poderoso para guardaros sin caída, y presentaos sin mancha delante de su gloria con gran alegría, al único y sabio Dios, nuestro Salvador, sea gloria y majestad, imperio y potencia, ahora y por todos los siglos. Amén.
>
> JUDAS 24-25

Estando solos, resultamos confundidos, Señor. Te damos gracias, porque tú eres nuestro apoyo y guía.

La medida de tu corazón

Junio 17

Cuando Dios mide a un hombre, su cinta métrica le rodea el corazón y no la cabeza.

> Jehová no mira lo que mira el hombre; pues el hombre mira lo que está delante de sus ojos; pero Jehová mira el corazón.
>
> 1 SAMUEL 16:7

¡Señor, qué alegría produce saber que tú no miras como mira el hombre, y que tu modo de medir es perfecto!

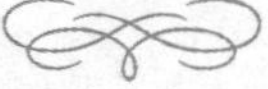

Siempre estás a su alcance

Junio 18

No podemos confiar en nosotros mismos cuando se trata de hacer lo correcto. Por un extremo podemos ser demasiado presumidos, o por otro, entrar en la desesperación. Para tu guía y orientación, confía solo en el Señor.

> Consagrarme todo entero,
> alma, vida y corazón, es el íntimo deseo que hoy me
> anima, buen Señor.
> Al contrito has prometido que de ti no arrojarás.
> Hoy propicio eres conmigo y tu Espíritu me das.
>
> J. W. VAN DEVENTER

> Que el Dios de la esperanza los llene de toda alegría y paz a ustedes que creen en él, para que rebosen de esperanza por el poder del Espíritu Santo.
>
> ROMANOS 15:13 (NVI)

Señor, qué alegría saber que estoy dentro de las fronteras en el lugar en que tu amor puede alcanzarme y darme consuelo. Tu voluntad es perfecta, y la mía está averiada. Condúceme hasta que logre una obediencia perfecta a tu voluntad perfecta.

Habla — Junio 19

Deja que la Biblia hable. Válete de todo el contenido de las Sagradas Escrituras, aunque quienes te escuchan no crean. Como testigos, nuestra función primaria no es la de defender, sino la de proclamar.

> Hablará mi lengua tus dichos.
>
> SALMO 119:172

Padre, ayúdanos a hablar con autoridad, la autoridad de tu Palabra.

Comparte la gloria y el dolor — Junio 20

El cuerpo de Cristo está sufriendo grandes persecuciones. Más del sesenta por ciento de los cristianos en el mundo están pasando por tribulaciones. Si tú eres cristiano, debes compartir sus problemas, ayudarles mediante tu intercesión, escribirles en los casos en que sea posible, y colaborar con quienes los asisten.

Watchman Nee dijo: «Cuando eran azotados mis pies, me dolían también las manos». Debemos mostrar nuestra simpatía de un modo práctico hacia todos los que sufren, sosteniéndolos por medio de nuestras oraciones.

> Nosotros mismos nos gloriamos de vosotros en las iglesias de Dios, por vuestra paciencia y fe en todas vuestras persecuciones y tribulaciones que soportáis.
>
> 2 TESALONICENSES 1:4

Cuando uno de nosotros sufre por ti, Señor, sufrimos todos, pues somos todos uno en el cuerpo de Cristo. Compartimos el dolor, como compartimos la gloria.

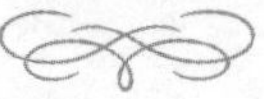

Ve más allá del ahora — Junio 21

¿Estás dispuesto a sufrir por aquel que sufrió tanto por ti? ¿Estás dispuesto a ser obediente? Él tiene la intención de usar tu sufrimiento para hacerte digno de su reino. Somos ciudadanos del cielo. Nuestra mirada y nuestras perspectivas van más allá de este mundo.

> Tengo por cierto que las aflicciones del tiempo presente no son comparables con la gloria venidera que en nosotros ha de manifestarse.
>
> ROMANOS 8:18

Señor Jesús, tú eres el vencedor. Te damos gracias por la alegría que significa ser llamado por un Rey de reyes tan amante y poderoso.

Entrénate para ser más fuerte — Junio 22

Cuando algunos creyentes rusos, que pasaban por grandes tribulaciones y persecuciones, supieron que deseábamos orar por ellos, nunca dijeron: «Oren para que Dios detenga esta persecución». Pidieron: «Oren que Dios nos dé fuerzas para sufrir por él».

> Nos gloriamos por vuestra paciencia y fe en todas vuestras persecuciones y tribulaciones que soportáis ... para que seáis tenidos por dignos del reino de Dios, por el cual asimismo padecéis.
>
> 2 TESALONICENSES 1:4-5

Señor Jesús, tú sufriste por mí. ¿Qué estoy sufriendo yo por ti?

Amor tan maravilloso — Junio 23

En el campo de concentración, nos sometieron a la terrible prueba de que se nos quitara la ropa, haciéndonos permanecer completamente desnudas durante varias horas. Fue lo más difícil, lo más cruel, de todo lo que tuvimos que sufrir.

Mientras yo estaba allí, de pie, de repente me pareció ver a Jesús en la cruz. La Biblia nos dice que lo despojaron de sus ropas y que fue colgado desnudo en la cruz. Por medio de mi sufrimiento, comprendí un poquito del sufrimiento de Jesús, y me sentí feliz y agradecida de poder sobrellevar la prueba.

> «Amor tan asombroso, tan divino, exige mi alma, mi vida, mi todo».
>
> ISAAC WATTS

> Y le crucificaron.
>
> MATEO 27:35

Padre, cuando tengamos que sufrir, muéstranos a Jesús en la cruz.

¿Qué queda en pie cuando todo se derrumba? — Junio 24

Vivan ustedes sus vidas en amor, la misma clase de amor que nos da Cristo y que él expreso a la perfección cuando se entregó como sacrificio a Dios. El amor no es blando como el agua; es sólido como una roca azotada en vano por las olas del odio.

> El amor nunca deja de ser.
>
> 1 CORINTIOS 13:8

Gracias, Señor, porque tenemos por delante una eternidad para darte gracias y alabarte por tu amor.

La entrada al Paraíso

Junio 25

Yo estaba observando a los actores durante la filmación de *El Refugio Secreto* (The Hiding Place). Las mujeres que salían del portón de la cárcel parecían cansadas y afectadas por el frío. Luego vi a la mujer que representaba el papel de Corrie ten Boom. ¡Yo estaba sentada contemplando mi propia historia! De repente, me emocioné. No pude contener las lágrimas. Pero una vieja y profunda herida había sido curada. Yo comprendí por qué había tenido que pasar por ese período de sufrimiento. Aprendí una lección que luego pude compartir con muchas personas en todo el mundo.

> Nuestra pequena pulgada de sufrimiento no es digna ni de la primera noche de nuestra bienvenida en el cielo, nuestro hogar.
>
> SAMUEL RUTHERFORD

> [Jesús dijo:] «Estarás conmigo en el paraiso».
>
> LUCAS 23:43

Gracias, Señor Jesús, por lo que sufriste en la cruz por todos nuestros pecados.

Su amor fortalece tus alas

Junio 26

Mientras no use sus alas, un pájaro no sabe que puede volar. Tan pronto como obramos según el amor de Dios, aprendemos que este está en nuestro corazón.

> Si nos amamos unos a otros, Dios permanece en nosotros, y su amor se ha perfeccionado en nosotros.
>
> 1 JUAN 4:12

Gracias, Señor Jesús, por haber traído a nuestros corazones el amor de Dios, por medio del Espíritu Santo que nos es dado.

Brillemos como él

Junio 27

Hay dos clases de amor: el humano y el divino. El amor de Dios nunca falla. El amor humano sí. Dios demuestra al mundo su amor por intermcdio nuestro.

> En esto consiste el amor; no en que nosotros hayamos amado a Dios, sino en que él nos amó primero, y envió a su Hijo en propiciación por nuestros pecados.
>
> 1 JUAN 4:10

Señor, estoy dispuesto a obrar con amor hacia los demás. Haz que yo sea un débil reflejo del amor tuyo, pues hasta un reflejo débil podrá iluminar algún rincón oscuro. ¡Gracias!

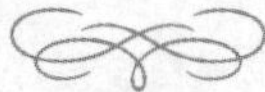

Más profundo, más grande

Junio 28

Dios nos da la bienvenida en el amor eterno que tiene por su Hijo. ¿Dudaste alguna vez en cuanto a tu amor hacia Dios? Yo sí. ¿Dudaste alguna vez acerca del amor de Dios para con su Hijo? ¡Jamás! A ti y a mí se nos recibe y se nos da la bienvenida en ese amor. ¡Qué alegría! ¡Qué riquezas!

> Oh, amor de Dios, su inmensidad el hombre no
> podría contar,
> ni comprender la gran verdad,
> que Dios al hombre pudo amar.
> El gran amor del Redentor por siempre durará;
> la gran canción de salvación su pueblo entonará.

> Andad en amor, como también Cristo nos amó.
>
> EFESIOS 5:2

Señor, te agradecemos y alabamos tu nombre por la bienvenida que nos has dado. ¡Es tan grande que faltan palabras para describirla!

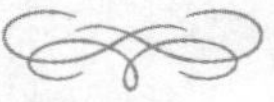

¿Qué queda cuando el amor se va? Junio 29

El lugar en que dormía mi hermana Betsie en el campo de concentración estaba vacío. Acababa de fallecer. A una prisionera rusa recién llegada, que buscaba un lugar para dormir, le hice señas de que ocupara el sitio en que había estado Betsie. Me agradeció, y se acostó a mi lado. Compartíamos la misma almohada, y teníamos los rostros muy cerca uno de otro. Yo deseaba decirle algo, pero no conocía su idioma.

—*¿Jezus Christus?* —le dije en voz baja.

—¡Oh! —exclamó. Y, luego de hacer la señal de la cruz, me abrazó.

La que había sido mi hermana durante cincuenta y dos años me había dejado. Una mujer rusa era ahora objeto de mi amor. Y habría otros que serían mis hermanos y hermanas en Cristo, en muchas partes del mundo.

> De cierto os digo, que no hay nadie que haya dejado casa, o padres, o hermanos, o mujer, o hijos, por el reino de Dios, que no haya de recibir mucho más en este tiempo, y en el siglo venidero la vida eterna.
>
> LUCAS 18:29-30

Señor, cuando te aceptamos como nuestro Salvador, nos diste la bienvenida a una familia que se extiende por todo el mundo y está llena de hermanos y hermanas que se aman. Gracias por este regalo de compañerismo y comunión.

Amar como ama él

Cuando yo era muy pequeña, mi padre me metía de noche en la cama. Hablaba conmigo, oraba conmigo, y ponía su grande mano sobre mi carita. Yo no me movía, pues no deseaba perder la sensación de la gran mano sobre mi rostro. Me resultaba de consuelo.

Años más tarde, yo estaba en el campo de concentración y a veces oraba diciendo: «Padre celestial, ¿quieres poner tu mano sobre mi cara?». Y, entonces, venía la paz y me podía dormir. Porque papá me mostró su amor de padre, yo pude camprender más tarde el amor del Padre celestial. ¡Padres y madres, muestren amor a sus hijos!

> Con amor eterno te he amado.
>
> JEREMÍAS 31:3

Padre nuestro, si somos padres o abuelos, ayúdanos a reflejar tu amor en nuestros hijos y nietos, de modo que aprendan a confiar en sus protectores terrenales, para así poder hallar el camino cuando necesiten la ayuda de su Padre celestial.

Julio

Todos dependemos de Dios

Julio 1

El más alto potencial del amor y del poder de Dios está disponible para nosotros en las cosas más triviales del andar cotidiano.

¿Se da cuenta la gente que amas a Jesús? ¿Puede ver en el andar diario tuyo y mío que poseemos su vida divina?

> Ustedes deben orar así:
> Padre nuestro que estás en el cielo,
> santificado sea tu nombre.
>
> MATEO 6:9

Señor, muéstranos hoy, en todo lo que pase, que somos hijos que dependemos de un amante Padre celestial.

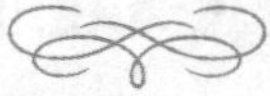

Lo que dejó Jesús

Julio 2

Los primeros cristianos dibujaban los contornos de un pez en sus casas, tumbas y catacumbas para identificarse entre sí. Era empleado el pez, porque la palabra griega que traducimos pez constituía un código muy simple según el cual cada letra significaba una palabra. Las cinco letras representaban las palabras Jesús, Cristo, Dios, Hijo, Salvador.

Toda rodilla se doblará ante Jesús. Toda lengua confesará su nombre. Toda rodilla se doblará ante Jesús, unas con alegría, otras con vergüenza. Inclínate ante Jesús. Inclina tu corazón ahora mismo.

> Y él es la cabeza del cuerpo que es la iglesia.
>
> COLOSENSES 1:18

Cuán maravilloso es estar en compañía de tu pueblo, Señor, y de todos los que nos han precedido como siervos tuyos.

La maravilla de lo que no es — Julio 3

Las riquezas prometidas por la Biblia son difíciles de describir, porque son reproducciones terrenales de riquezas celestiales. Por ello es necesario emplear esas palabras que yo denomino «los in».

> *In*sondable: su amor maravilloso.
> *In*mutables: sus caminos.
> *In*explorables: sus verdades benditas.
> *In*pronunciable: su alabanza.
> *In*imaginable: su esplendor.
> *In*efable: su gozo y sus dones.
> *In*numerable: su hueste de ángeles.

> ¡Oh profundidad de las riquezas de la sabiduría y de la ciencia de Dios! ¡Cuán insondables son sus juicios, e inescrutables sus caminos!
>
> ROMANOS 11:33

Señor, estoy en verdad maravillado ante la insondable complejidad de tu sabiduría y tu saber. ¿Cómo podrán nunca los hombres comprender las razones de tus actos o explicar tus métodos de obrar?

Anticipo del cielo — Julio 4

Nunca deja de asombrarme el modo en que el Señor establece un vínculo entre los creyentes, que cruza los continentes y va más allá de raza y color.

> Y éste es mi mandamiento: que se amen los unos a los otros, como yo los he amado.
>
> JUAN 15:12 (NVI)

Padre, declaramos tu unidad con tus hijos de todo el mundo. «Todos uno en Cristo Jesús». Gracias por tu comunión con nosotros. Es un pequeño anticipo del cielo.

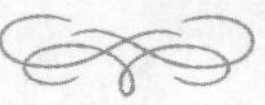

Prueba del poder de Dios — Julio 5

Recordemos que la Palabra de Dios permanece para siempre, y que sus mandamientos significan lo mismo para nosotros hoy que para sus discípulos hace dos mil años. Los que los obedecen podrán probar, como los de antaño, el enorme poder de Dios.

> Y el que guarda sus mandamientos, permanece en Dios, y Dios en él.
>
> 1 Juan 3:24

Obedecemos con gozo tus leyes, Padre. Nuestro anhelo de obediencia no procede del temor, sino del amor. ¡Tú nos das tanto, y nos pides tan poco!

El territorio de los milagros — Julio 6

Cuando Dios me dice que visite un país, obedezco sus instrucciones. De modo que, cuando vi que la empleada de una agencia de viajes había modificado mi ruta, le hablé inmediatamente:

—¿Por qué tengo que ir de Sydney a Tel Aviv, y de allí a Capetown, en lugar de ir de Sydney a Capetown directamente?

—Lo siento, pero no existe en el Océano Índico ningún lugar de reabastecimiento de combustible.

—Bueno, yo no puedo cambiar mis planes. ¡Tendré que rogar que aparezca una isla!

Algunos momentos más tarde, la muchacha me habló por teléfono para decirme que acababa de recibir un telegrama de Quantas, la línea aérea australiana, anunciando que habían hecho un convenio para reabastecimiento en las Islas Cocos, de modo que ya existía un vuelo directo entre Sydney y Capetown.

> Confía en el Señor con todo tu corazón,
> y no te apoyes en tu propio entendimiento
>
> Proverbios 3:5 (LBLA)

Confiar en ti, Padre, nos lleva al terreno de los milagros. Es muy bueno saber que no te equivocas cuando haces tus planes para nosotros.

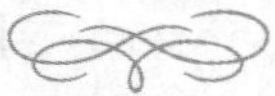

Sus desvíos pueden ser tu destino

Julio 7

Un guardia fronterizo de Alemania Oriental me detuvo en su oficina por tres horas. Me interrogó exhaustivamente acerca de mi trabajo, y a medida que pasaba el tiempo, me di cuenta de que su corazón se iba ablandando. Yo estaba impaciente por la demora, porque sabía que tenía un trabajo que hacer en ese país, pero empleé el tiempo en tratar de llevar al hombre y a su secretario a la persona de Jesús. Antes de permitir que cruzara la frontera, ambos aceptaron un obsequio de libros que les hice. Cuando me iba, me dijo: «Lamento haberla demorado, pero lo que hemos estado haciendo aquí es más importante que su visita a sus amigos». El Señor había utilizado esas tres horas para llevar sus buenas nuevas a dos personas que andaban en las tinieblas. ¡Y yo había estado impaciente!

> Yo no puedo hacer nada por iniciativa mía; como oigo, juzgo, y mi juicio es justo porque no busco mi voluntad, sino la voluntad del que me envió.
>
> JUAN 5:30 (LBLA)

Hasta las demoras y los rodeos vienen de ti, Señor, y sirven a tus propósitos cuando servimos de unión entre tu persona y la gente con que hablamos. Líbranos de la impaciencia. No permitas que, cuando haya gente que necesite tu Palabra, pasemos de largo.

¿Irías? Julio 8

Roguemos que Dios envíe obreros a la mies. La cosecha parece estar muy madura. Tal vez, tú eres quien debe ir. Sé obediente, y sigue al Señor que te llama. Nunca sabrás lo que es la verdadera alegría mientras no obedezcas al Padre. Y no te olvides que el Señor se especializa en lo imposible. En el centro de su voluntad encontrarás la paz. En obediencia, pídele que te dirija. Es posible que el lugar en que ahora estás en tu casa, tu oficina, tu empleo, sea el campo misionero en que debe ser recogida la cosecha. Es posible que Dios te desee enviar más lejos. Pregúntale cuál es su voluntad para ti.

> Y el Dios de paz ... os haga aptos en toda obra buena para que hagáis su voluntad.
>
> HEBREOS 13:20-21

Gracias, Señor, por tu plan perfecto para mi vida. Hazme estar dispuesto a estar dispuesto a hacer lo que tú has dispuesto que yo haga.

Formas parte de su círculo íntimo Julio 9

Por medio de la sangre de Cristo estamos dentro del círculo del amor y de los propósitos de Dios, pues Cristo es nuestra paz viviente.

> Conservaos en el amor de Dios, esperando la misericordia de nuestro Señor Jesucristo.
>
> JUDAS 21

A todo lo consideramos pérdida comparado con el privilegio sin precio, el valor inmenso y la ventaja suprema de conocerte, Señor Jesús. Progresivamente, estamos llegando a conocerte más íntima y profundamente. ¡Aleluya!

Gloria a Dios

Julio 10

Cuando conocí a Sadhu Sundar Singh en Europa, él acababa de hacer una gira por todo el mundo. La gente le preguntaba:

—¿No le hace mal a usted que le rindan tantos honores?

La respuesta del Sadhu era:

—No. El asno entró en Jerusalén, y arrojaron vestidos a su paso. No se sentía orgulloso. Sabía que el honor no era para él sino para Jesús, que estaba sentado sobre su lomo. Cuando la gente me rinde honores, sé que no soy yo, sino el Señor, quien los recibe.

> Señor, digno eres de recibir la gloria y la honra y el poder; porque tú creaste todas las cosas, y por tu voluntad existen y fueron creadas.
>
> APOCALIPSIS 4:11

Señor, cuando los hombres nos rinden honores por nuestro trabajo, sabemos que los honores son realmente para ti.

El hambre que Dios puede saciar

Julio 11

Existe un hambre en nuestros corazones que solo Jesús podrá satisfacer. ¿Sientes hambre y soledad? ¿Tienes problemas que no puedes resolver? ¿Te sientes arrinconado, sin ninguna salida? Ven a Jesús.

> Y el Dios de esperanza os llene de todo gozo y paz en el creer, para que abundéis en esperanza por el poder del Espíritu Santo.
>
> ROMANOS 15:13

Jesús, te doy gracias porque debido a tu presencia constante, jamás estoy solo. Ten mi mano con fuerza, Señor. Aunque me atormenten las aflicciones, jamás podrán vencerme.

Brillamos sobre el planeta Tierra — Julio 12

Somos lunas. Dios es nuestro sol. Si el mundo se interpone entre la luna y el sol, hay oscuridad. La inseguridad del mundo es, en el propósito de Dios, la materia prima de nuestra fe. La rendición al enemigo significa la muerte; la rendición a Jesús significa la vida. Confiesa y exige su presencia.

> ... para que seáis irreprensibles y sencillos, hijos de Dios sin mancha en medio de una generación maligna y perversa, en medio de la cual resplandecéis como luminares en el mundo.
>
> FILIPENSES 2:15

Gracias, Señor Jesús, por tu gracia. El mundo inspira más y más temor, pero tú eres nuestra salvación.

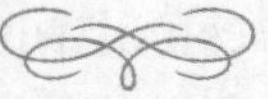

Dios lo desenreda — Julio 13

Jesús puede desenredar toda la maraña de complejos de tu alma, desterrándolos a todos. Él transformará hasta tus hábitos, no importa cuán firmemente estén arraigados en tu subconsciente.

> Si alguno de vosotros tiene falta de sabiduría, pídala a Dios, el cual da a todos abundantemente y sin reproche, y le será dada.
>
> SANTIAGO 1:5

Tenemos hábitos que creemos que no podemos romper, y actitudes que no podemos cambiar. Danos el sentido común de pedir tu respuesta, Señor.

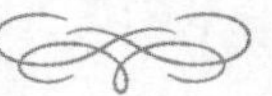

Dios, ¡úsame! Julio 14

¡Qué alegría que Dios nunca abandone a sus hijos! Él guía con fidelidad a todos los que escuchan sus instrucciones.

> Peregrino en el desierto, guárdame, oh Jehová. Yo soy débil, tú potente, tu poder me sostendrá; nútreme con pan del cielo, dame el celestial maná.
>
> William Williams

> Su verdad es por todas las generaciones.
>
> Salmo 100:5

Señor, haz que estemos listos a hacer tu voluntad y no la nuestra. Tu poder es nuestro cuando seguimos tu dirección. ¡Qué consuelo!

Cuando no lo entiendas... Julio 15

Muchas veces nos preguntamos por qué Dios permite que ciertas cosas nos acontezcan. Tratamos de comprender las circunstancias de nuestras vidas, y permanecemos perplejos. Pero el Espíritu Santo nos indica que Dios no comete errores.

> Lo insensato de Dios es más sabio que los hombres, y lo débil de Dios es más fuerte que los hombres.
>
> 1 Corintios 1:25

No podemos ni comenzar a entender tus objetivos, Padre, y sin comprenderlos, nuestras vidas con frecuencia se parecen a un gran laberinto. Pero sabemos que tú ves el fin del camino, y confiamos en que nos has de guiar en todas las vueltas y callejones sin salida.

Hablemos sencillo, seamos sencillos Julio 16

Cada vez que tengas un contacto con una persona que es retardada mental, dile que Dios la ama. Con frecuencia, esta gente se goza en el amor de Dios de un modo superior al de quienes tienen problemas por sus dudas intelectuales.

> ¿No ha enloquecido Dios la sabiduría del mundo? Pues ya que en la sabiduría de Dios, el mundo no conoció a Dios mediante la sabiduría, agradó a Dios salvar a los creyentes por la locura de la predicación.
>
> 1 Corintios 1:20-21

Señor, danos el coraje de hablar la verdad con sencillez, de modo que todos puedan comprenderla. Algunos se burlarán de lo poco sofisticado de nuestro pensamiento, de modo que necesitaremos tu apoyo para poder seguir siendo sencillos. Pero sabemos que tu «locura» es más sabia que la sabiduría de los hombres.

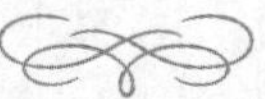

El poder que puede salvar al mundo Julio 17

Lo más grande que una persona puede hacer por otra es orar por ella. Es la oración la que gana las batallas; cualquier otro servicio que podamos prestar está simplemente cosechando los resultados de la oración.

> Orando en todo tiempo con toda oración y súplica en el Espíritu, y velando en ello con toda perseverancia y súplica por todos los santos.
>
> Efesios 6:18

¡Padre, son tan pocas las personas que podemos alcanzar personalmente! Pero, por medio de la oración, tú nos has permitido que ayudemos a aquellos a quienes jamás veremos en esta tierra. Gracias por este importante medio para cumplir tu obra.

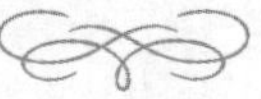

Él lo usará para algo Julio 18

Una madre vio a su hijito sentado en un rincón del cuarto, repitiendo en voz alta:

—A, B, C, D, E, F.

—¿Qué estás haciendo? —le preguntó la madre.

—Mamá, tú me dijiste que tenía que orar, pero nunca lo he hecho en mi vida, y no sabía cómo comenzar. Entonces, le di a Dios todo el alfabeto, y le pedí que con él hiciera una buena oración.

Ese niño entendía algo de lo que Pablo dice en Romanos que el Espíritu Santo mismo nos ayuda a orar. Sí, él ora en nosotros.

> Qué hemos de pedir como conviene, no lo sabemos, pero el Espíritu mismo intercede por nosotros con gemidos indecibles.
>
> ROMANOS 8:26

Señor, qué gozo es saber que tú haces la obra, y que junto contigo podemos orar y vivir para tu honor.

Escucha y busca las respuestas Julio 19

La oración nunca debe ser un pretexto para la falta de actividad. Nehemías oró, pero al mismo tiempo puso centinelas que vigilaran. Empleó su sentido común, y como resultado, lo que no se había logrado hacer en cien años fue terminado en cincuenta y dos días.

> Fue terminado, pues, el muro … en cincuenta y dos días.
>
> NEHEMÍAS 6:15

Espíritu Santo, te pedimos tu sabiduría, especialmente cuando no vemos claramente cómo debemos orar y obrar.

Ventanas sucias para los ojos del alma — Julio 20

Lo que son las alas para un pájaro, y las velas para una nave, eso es la oración para el alma.

> Explotamos,
> nos airamos,
> nos quejamos,
> protestamos.
> Nos ofendemos,
> porque no logramos entender lo que pasa.
>
> Nuestra visión se nubla, y todo se arreglaría,
> con un momento pasado a solas con Jesús.

> También les refirió Jesús una parábola sobre la necesidad de orar siempre, y no desmayar.
>
> Lucas 18:1

Gracias, Dios, porque podemos orar y que sentimos la necesidad de hacerlo.

Sobre esto se construyó — Julio 21

Una vez terminado el muro, llegó a Jerusalén un gran avivamiento. El poder de un solo hombre, Nehemías, que vivía en comunión con Dios, fue utilizado muy bien. La más grande necesidad de nuestra época es la existencia de gente que viva en comunión con Dios.

> El Dios de los cielos, él nos prosperará, y nosotros sus siervos nos levantaremos y edificaremos.
>
> Nehemías 2:20

Padre, mientras no nos acerquemos a ti, nuestras fuerzas son limitadas. Pero cerca de ti, podemos hacer cualquier cosa que tú nos indiques.

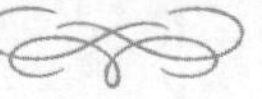

Somos lo que somos

Julio 22

En varias ocasiones, me dijo mi padre: «Mi nombre está arriba de la puerta de mi relojería, pero en realidad debería estar el nombre de Dios. Yo soy relojero por la gracia de Dios». Mi padre era, en primer término, cristiano, y en segundo término, relojero.

> Por la gracia de Dios soy lo que soy; y su gracia no ha sido en vano para conmigo, antes he trabajado más que todos ellos; pero no yo, sino la gracia de Dios conmigo.
>
> 1 Corintios 15:10

¡Señor, qué alegría y seguridad me produce saber que soy de ti, con todo lo que poseo, en mi trabajo y mi vida diaria.

Unidos a Jesús

Julio 23

Cuando yo era pequeñita, estaba segura de que Jesús era miembro de la familia ten Boom. Era tan fácil hablar con él como conversar con papá y mamá. Jesús estaba presente. Yo estaba mucho más cerca de la realidad y la verdad de la presencia de Jesús que aquel que hace de la comunión con el Señor un problema debido a su razonamiento intelectual.

> Donde están dos o tres congregados en mi nombre, allí estoy yo en medio de ellos.
>
> Mateo 18:20

¡Señor, cuán maravilloso es ser tu amigo, sentir que estás siempre cerca, y saber que tu amor no se marchitará jamás!

La riqueza del pobre — Julio 24

Mi padre y mi madre siempre vivían orillando la pobreza, pero su felicidad no dependía de sus circunstancias. Sus relaciones entre sí, y con el Señor, les daban fuerza y felicidad.

> Dios es nuestro amparo y fortaleza, nuestro pronto auxilio en las tribulaciones.
>
> SALMO 46:1

Señor Jesús, al tenerte cerca, ¿qué más necesitamos? Con tu amor, tenemos lo mejor; sin tu amor, somos verdaderamente pobres, sean cuales fueren nuestras circunstancias.

¿Y si Jesús fuera un ejecutivo? — Julio 25

Cuando papá desarmaba un reloj para componerlo, hacía su trabajo sin tener en cuenta para nada la posición social o económica del cliente. Nos enseñó que es mucho más importante lo que Dios piensa de un trabajo que lo que pensamos nosotros u otros.

> Obedeced en todo a vuestros amos terrenales, no sirviendo al ojo, como los que quieren agradar a los hombres, sino con corazón sincero, temiendo a Dios. Y todo lo que hagáis, hacedlo de corazón, como para el Señor y no para los hombres.
>
> COLOSENSES 3:22-23

Señor Jesús, qué gozo nos da que cuando entras en nuestras vidas, hasta los actos más insignificantes resultan importantes. Podemos valernos de tu disciplina y tu victoria en los trabajos de cada día.

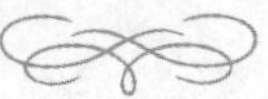

Él traza el camino Julio 26

Dios nos da dos tipos diferentes de dirección. El primero es inconsciente, y viene porque nuestras vidas han sido entregadas a Jesús. El segundo es una dirección de carácter especial, por ejemplo, cuando Dios quiere que cambiemos de orientación en un nuevo trabajo o un nuevo campo de acción.

> Yo te instruiré,
> yo te mostraré el camino que debes seguir;
> yo te daré consejos y velaré por ti.
>
> SALMO 32:8 (NVI)

Necesitamos de tu sabiduría en nuestras vidas, Padre. Ayúdanos a conocer tu voluntad, de modo que podamos tomar esas decisiones importantes que, de tanto en tanto, cambian nuestras vidas.

Tómate tu tiempo, ¡y el de Dios! Julio 27

No debemos hacer nuestros planes sin la dirección de Dios. Haz tus planes mientras oras. Debes estar seguro de que el Señor está caminando delante de ti, y que no estás corriendo temerariamente delante de él.

> Me guía Cristo con su amor, me guía siempre mi Señor. Él me dirige a serle fiel, con cuánto amor me dirige él.
>
> JOSEPH H. GILMORE

> El Señor te guiará siempre.
>
> ISAÍAS 58:11 (NVI)

Señor, danos paciencia para esperar tu dirección. Guárdanos de cometer actos imprudentes, por acertados que puedan parecernos.

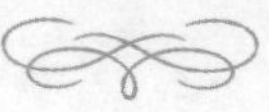

¡Hay tanto, tanto más! Julio 28

Durante una visita a una base militar estratégica en Colorado, conversé con un general. Tenía un transmisor-receptor de radio de los llamados walkie-talkies, y me dijo que tenía «contacto radar sobre el horizonte», con el presidente y con varios puntos estratégicos, durante las veinticuatro horas del día.

Entonces pensé: Yo también tengo «contacto radar sobre el horizonte» por medio del Espíritu Santo. Tengo contacto con mi Padre celestial, y conozco mis puntos estratégicos.

> Apenas vemos un poco del amor de Dios,
> unas cuantas muestras de su gran abundancia.
> Pero más allá del horizonte humano,
> hay más, hay mucho más.

> No temas ... yo soy tu escudo, y tu galardón será sobremanera grande.
>
> GÉNESIS 15:1

Gracias, Señor. No tenemos nada que temer cuando el Espíritu Santo está con nosotros como protector y guía.

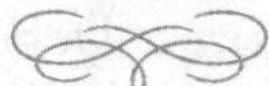

Dios nos da una mano Julio 29

Antes de la guerra, yo era relojera. Cuando mi pulso no estaba firme y debía hacer un trabajo de precisión en un reloj, oraba: «Señor Jesús, ¿quieres poner tu mano sobre la mía?». El Señor siempre lo hacía, y las dos manos unidas trabajaban con firmeza y exactitud. Jesús no nos falla, ni por un instante.

> Y la mano del Señor estaba con ellos.
>
> HECHOS 11:21

Recuérdanos, Señor, que tú estás siempre con nosotros. Te damos gracias, porque te preocupas por nuestros problemas más pequeños. Tú respondes a la menor de nuestras necesidades.

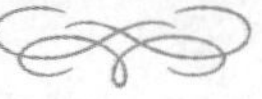

Buscadores del mejor oro

Julio 30

Jesús pagó todas las cuentas por nuestros pecados en la cruz. Reclama las riquezas que son tuyas por medio de él. Vive como hijo del Rey, y no como pordiosero.

> [El Señor] nos ha dado preciosas y grandísimas promesas, para que por ellas llegaseis a ser participantes de la naturaleza divina, habiendo huido de la corrupción que hay en el mundo.
>
> 2 Pedro 1:4

Gracias, Señor Jesús, por habernos librado del pecado y por abrir el cofre del tesoro de la gracia para nuestro uso. ¡Nuestras riquezas son mayores que todo el oro y la plata del mundo juntos!

Lo que no es posible

Julio 31

No preguntes: «¿Podré ser guardado del pecado si permanezco cerca de Jesús?». Más bien di: «¿Podré ser guardado del pecado si él está cerca de mí?». Entonces verás cuán digno de confianza es. Confiesa, humíllate, reconoce lo que has hecho. Y, por medio de la sangre de Jesús, y en su nombre, cierra la puerta al pecado, y mantenla cerrada.

> Porque se levantarán falsos Cristos, y falsos profetas, y harán grandes señales y prodigios, de tal manera que engañarán, si fuere posible, aun a los escogidos.
>
> Mateo 24:24

Nos alegramos tanto de que el texto diga: «si fuere posible». ¡Señor! ¡Qué alegría es saber que no es posible, y que tú mismo nos preparas, y nos das la gracia y el discernimiento que necesitamos.

Agosto

Lazos celestiales

Agosto 1

Los astronautas norteamericanos que llegaron a la luna tuvieron que estar en contacto constante con su jefe en la tierra. Cuando el contacto se interrumpía, no podían hacer absolutamente nada mientras no se restableciera. Cuando tu contacto con Dios se ha visto interrumpido por el pecado, tienes que hacer lo que te indica la Palabra de Dios para restablecer la comunicación.

> Hijitos míos, estas cosas os escribo para que no pequéis; y si alguno hubiere pecado, abogado tenemos para con el Padre, a Jesucristo el justo.
>
> 1 JUAN 2:1

> Si confesamos nuestros pecados, él es fiel y justo para perdonar nuestros pecados, y limpiarnos de toda maldad.
>
> 1 JUAN 1:9

Gracias, Señor Jesús, porque tú restableces todos los contactos interrumpidos cuando acudimos a ti con nuestros pecados.

¡Dios no tiene nietos!

Agosto 2

¿El haber nacido en un hogar cristiano convierte a una persona en cristiana? No. Dios no tiene nietos. Cada uno tiene que tomar su propia decisión personal.

> El que no naciere de nuevo, no puede ver el reino de Dios.
>
> JUAN 3:3

Señor, danos la sabiduría necesaria para poderles enseñar tu Palabra a nuestros hijos, de modo que cuando tú te acerques a ellos te estén esperando anhelantes.

Cara a cara con Satanás — Agosto 3

Con frecuencia miré de frente a la muerte en mis días en el campo de concentración. Cuando veía elevarse el humo de los hornos crematorios, me preguntaba cuando me tocaría el turno a mí de ser ejecutada. Yo no sabía que, una semana antes de que mataran a todas las mujeres de mi edad, sería puesta en libertad por un milagro de Dios y un error de la administración del campo. Cuando estás frente a la muerte, todo lo ves claro, sin complicaciones. Vi que el diablo era fuerte, mucho más fuerte que yo, pero entonces miré a Jesús. Él era fuerte, mucho más fuerte que el diablo. Y en su compañía, yo resultaba también mucho más fuerte que el maligno.

> Gracias sean dadas a Dios, que nos da la victoria por medio de nuestro Señor Jesucristo.
>
> 1 Corintios 15:57

Señor Jesús, te doy gracias, porque cuando llevamos tu yugo junto contigo, ganamos la victoria. ¡Aleluya!

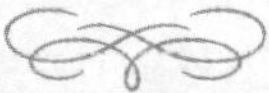

Llega hasta el final del camino — Agosto 4

Hoy es el día de la salvación. Algunas personas pierden el cielo por apenas cuarenta y cinco centímetros: la distancia entre la cabeza y el corazón. Una de las tretas de mayor éxito del diablo es decir: «Espera un poco más de tiempo». Pero necesitamos escuchar a Dios.

> Porque con el corazón se cree para justicia, pero con la boca se confiesa para salvación.
>
> Romanos 10:10

Señor, si hasta ahora solo estás en mi cabeza y no en mi corazón, te ruego que bajes hasta él. Llénalo con tu vida, por tu gracia. Gracias, Señor Jesús.

La gracia que nos da coraje

Agosto 5

A veces el diablo nos habla de nuestros pecados y nos desesperamos. Nos quita el coraje, y nos dice: «Serás así toda la vida. No hay ninguna esperanza para ti». El diablo es un mentiroso. Somos lo que somos en Jesucristo.

> En la cruz, en la cruz
> do primero vi la luz,
> y las manchas de mi alma yo lavé,
> fue allí por la fe do vi a Jesús,
> y siempre con él feliz seré.
>
> RALPH E. HUDSON

> Gracias doy a mi Dios ... por la gracia de Dios que os fue dada en Cristo Jesús.
>
> 1 CORINTIOS 1:4

Gracias, Señor, por el don de tu gracia y paz. Cuando sabemos que hemos sido perdonados, tenemos victoria y gozo, a pesar de lo que diga Satanás.

Dios ha obrado

Agosto 6

El pecado puede interrumpir nuestra comunicación con Dios. ¡Es una gran alegría saber que la Biblia tiene la respuesta para ese problema! Cuando confesamos nuestros pecados, el Señor es fiel para perdonarnos.

> Yo deshice como una nube tus rebeliones, y como niebla tus pecados.
>
> ISAÍAS 44:22

Gracias, Señor Jesús, por tu respuesta a mi bendito problema del pecado: la cruz, donde está todo lo necesario con el fin de destruir mi pecado. Guárdame cerca de ti, Señor, para ver tu gracia increíble.

La honestidad en todo Agosto 7

¿Eres honrado? Vé a tu biblioteca, revisa cuántos de los libros no son tuyos, sino prestados, y devuélvelos a sus dueños. No debes robar.

> Manténganse firmes, ceñidos con el cinturón de la verdad, protegidos por la coraza de justicia.
>
> Efesios 6:14 (NVI)

Señor, gracias porque contamos con la armadura espiritual de Efesios 6 y podemos triunfar tanto sobre los pecados «decentes» como sobre los «indecentes».

Para salvarnos, no para que debatamos Agosto 8

Las riquezas de la Biblia son nuestras, pero la gente sigue discutiendo acerca de cuestiones de interpretación. Para aquellos que no han aceptado aún al Señor Jesucristo como Salvador, y que por ello están perdidos, es como si su casa se estuviera quemando y tuviesen que escuchar una discusión entre los bomberos sobre cuál manguera emplear para apagar el fuego.

> ¿Quién eres tú para juzgar al siervo de otro? Que se mantenga en pie, o que caiga, es asunto de su propio señor. Y se mantendrá en pie, porque el Señor tiene poder para sostenerlo.
>
> Hay quien considera que un día tiene más importancia que otro, pero hay quien considera iguales todos los días. Cada uno debe estar firme en sus propias opiniones.
>
> Romanos 14:4-5 (NVI)

Señor, reconocemos que no es asunto nuestro el decidir quién está bien o quién está mal en cualquier asunto. Tus promesas están en la Biblia para nuestra salvación, y no para nuestra discusión.

Solo un ruego — Agosto 9

Lo que sigue es una oración que podría pronunciar alguien que desea venir al Señor Jesús:

Jesús, te pido que entres en mi vida. Soy pecador. He estado confiando en mí mismo y en mis buenas obras, pero ahora deposito mi confianza en ti. Te acepto como mi Salvador personal. Creo que moriste por mí. Te recibo como Señor y dueño de mi vida. Ayúdame a apartarme de mis pecados y a seguirte. Acepto tu perdón y tu don de la vida eterna. Te doy gracias por todo ello. Amén.

> Porque de tal manera amó Dios al mundo, que ha dado a su Hijo unigénito, para que todo aquel que en él cree, no se pierda, mas tenga vida eterna.
>
> JUAN 3:16

Oración del consejero: Señor Jesús, has escuchado esta oración. Una vez dijiste: «Al que a mí viene, no le echo fuera». ¡Señor, qué bienvenida! Te pido que tu Espíritu Santo le dé a esta persona la seguridad de la vida eterna. Dale la bendición de poseer la certidumbre del perdón de sus pecados.

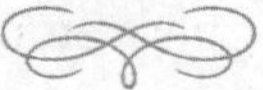

¿Quién soy para cuestionar? — Agosto 10

Los caminos de Dios resultan a veces incomprensibles. Llevó a los judíos alrededor de la tierra de los filisteos, aunque hubiese podido acortar el camino haciendo que ellos la cruzaran.

> Porque mis pensamientos no son vuestros pensamientos, ni vuestros caminos mis caminos, dijo Jehová.
>
> ISAÍAS 55:8

Señor, cuando cuestionamos tus caminos, ayúdanos a recordar que no es necesario que los comprendamos totalmente, y que basta con que obedezcamos.

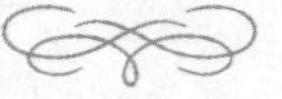

Solo somos mensajeros — Agosto 11

—Muchas gracias, Corrie —me dijo una señora después que yo le había mostrado el camino de la salvación y le había presentado el reto de aceptar a Jesús como Salvador.

—¡Cuán grosera es usted! —le respondí. Alguien llama, y en lugar de responderle, usted se da vuelta y me agradece a mí. *Jesús* le preguntó algo.

Conversamos un rato. Por fin me dijo:

—¡Ahora lo veo! ¡Perdóname, Señor Jesús! Sí. Te pido que entres en mi corazón.

El Señor entró.

Yo continué:

—Hable con él. Reconozca los pecados que él ha hallado en usted y arrepiéntase. *Ahora* sí puede darme a mí las gracias.

> Mas gracias sean dadas a Dios, que nos da la victoria por medio de nuestro Señor Jesucrsito.
>
> 1 CORINTIOS 15:57

Señor, haz que no olvide que como tus mensajeros, no somos importantes. Es tu mensaje lo que importa.

Sin lugar para el «No» — Agosto 12

Pedro dijo: «¡No, Señor!». Pero tuvo que aprender que no se puede decir «No», cuando se está diciendo «Señor», y que no se puede decir «Señor» cuando se está diciendo «No».

> Escuchad mi voz, y seré a vosotros por Dios, y vosotros me seréis por pueblo.
>
> JEREMÍAS 7:23

Señor, hazme sensible frente a tu voluntad. Sé que puedo, para tu honor, llevar una vida victoriosa.

¿Aprovechas las oportunidades? Agosto 13

Un día, cuando yo tenía cinco años, mi madre me observaba mientras jugaba a la casita. Me vio cuando llamaba a la puerta de una vecina imaginaria y esperaba que me abrieran.

«Corrie», me dijo, «yo conozco a alguien que está frente a tu puerta, y está llamando. Es Jesús. ¿No quieres invitarle a que entre en tu corazón?».

Respondí que sí. Yo quería tener a Jesús en mi corazón. Mamá puso mi manita en la suya, y oramos juntas.

¿Entiende una niña pequeña las verdades espirituales? Solo sé que, a partir de ese día, Jesús fue mucho más real para mí. A los niños hay que guiarlos, y no dejar que vaguen sin dirección.

> Instruye al niño en su camino, y aun cuando fuere viejo, no se apartará de él.
>
> PROVERBIOS 22:6

Señor, dame la oportunidad de llevar a mi hijo a tu presencia hoy. Sé que es el mejor regalo que puedo hacerle.

Administramos misterios Agosto 14

Somos ministros, o servidores, de Cristo. Nos ha sido confiada la administración de los misterios de Dios. Seamos mayordomos o administradores fieles.

> Téngannos los hombres por servidores de Cristo, y administradores de los misterios de Dios. Ahora bien, se requiere de los administradores, que cada uno sea hallado fiel.
>
> 1 CORINTIOS 4:1-2

Aquí estoy, Señor. He aceptado tu promesa de hacer de mí un administrador. Te doy gracias por tu gracia y mi salvación. Toma mi vida, y úsala.

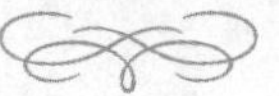

Las rodillas del camello
Agosto 15

El camello, al final del día, se arrodilla ante su dueño para que este le quite la carga que lleva. Así tú, al final del día, debes arrodillarte y dejar que tu Dueño quite tus cargas.

> Encomienda al Señor tus afanes,
> y él te sostendrá;
> no permitirá que el justo caiga
> y quede abatido para siempre.
>
> SALMO 55:22 (NVI)

Señor, quita de nosotros nuestras cargas cotidianas, de modo que nos sintamos renovados y fuertes para el camino del día siguiente.

Más allá de los buenos deseos
Agosto 16

Antes de que muriese en el campo de concentración, mi hermana Betsie fue inspirada por el Señor para mostrarme el trabajo que yo haría después de la guerra.

Cuando tuve que abandonar dicho trabajo, me puse muy triste. Me atacó la depresión, hasta que alguien me hizo ver que la esclavitud a una persona muerta era un pecado. Fui liberada, y el Señor me dio su gran paz.

> Estad, pues, firmes en la libertad con que Cristo nos hizo libres, y no estéis otra vez sujetos al yugo de la esclavitud.
>
> GÁLATAS 5:1

Señor, los deseos de aquellos a quienes amamos son una esclavitud agradable, pero solo mientras no nos priven de hacer tu obra. Ayúdanos a romper las cadenas que tienen que ser rotas.

No digas ya: «Si tan solo…» Agosto 17

¿Oportunidades perdidas?

«Si solo hubiese...»

Es bueno lamentarse de las oportunidades perdidas, pero es malo apesadumbrarnos en extremo debido a ellas. No puedes mirar hacia el pasado sin ver cosas en tu vida que has de lamentar. Así debe ser. Pero tenemos que establecer la diferencia entre un legítimo lamento por lo acontecido y una condición enfermiza del corazón. Echa sobre el Señor esas cargas de «Si solo hubiese...».

Piensa en los obreros en la viña de la parábola que narró Jesús en Mateo 20:1-16. Todos recibieron la misma paga, aunque algunos habían trabajado todo el día y otros apenas una hora. Compara este relato con la vida de una persona. Algunos entran al reino hacia el final de sus vidas. Pueden lamentarse por todos los años en que no servían a Cristo. Pero lo importante es que *están* en el reino. Lo primordial no es, si eres cristiano, lo que fuiste antes, sino lo que eres ahora.

> Y os restituiré los años que comió ... la langosta.
>
> Joel 2:25

Señor Jesús, te entrego mis *«Si solo hubiese...»*. Hazme un obrero fiel aquí, y ahora mismo.

Todo lo que necesitas — Agosto 18

¿Cómo puede confiar Jesús en que nosotros difundiremos su Palabra? Porque nos ha dado el Espíritu Santo y la Biblia. Son todo lo que necesitamos.

> A mí, que soy menos que el más pequeño de todos los santos, me fue dada esta gracia de anunciar entre los gentiles el evangelio de las inescrutables riquezas de Cristo.
>
> Efesios 3:8

Padre, gracias porque a tu ejército le has dado todas las provisiones que necesita. Hasta el soldado más débil resulta poderoso si tiene las armas adecuadas.

Meter la pata puede ser de bendición — Agosto 19

Cuando visité el Japón por primera vez, le pedí a un hombre que no era cristiano que pronunciara la oración final de una reunión. El hombre reconoció que no era cristiano, así que oré yo. Después de la reunión, se me acercó para explicarme por qué no podía orar. Me dio la oportunidad de conversar con él, y recibió al Señor Jesús. ¿Entiendes? Mi error de confundir a un hombre con otro, Dios lo utilizó para darme la oportunidad de llevar a una persona a Cristo. Dios no tiene problemas. Solo tiene planes.

> En él [Cristo] tenemos la redención mediante su sangre, el perdón de nuestros pecados, conforme a las riquezas de la gracia
>
> Efesios 1:7

Te agradecemos, Señor, que hasta nuestras equivocaciones pueden resultar de utilidad para tus propósitos.

El salto: de la confusión a la purificación — Agosto 20

El ángel anunció que Jesús salvaría a su pueblo de sus pecados (Mateo 1:21). A veces no captamos bien esta verdad y, aunque hayamos aceptado a Jesús como nuestro Salvador, nos afligimos acerca de algún pecado de nuestro pasado que sigue siendo una carga. Es como si agregáramos a la promesa del ángel las palabras: «con excepción de este pecado que cometí». Estoy seguro que es el diablo, el acusador de los hermanos, quien nos dice esta mentira. Escucha al Espíritu Santo y no al mentiroso.

> Al que no conoció pecado, por nosotros lo hizo pecado, para que nosotros fuésemos hechos justicia de Dios en él.
>
> 2 CORINTIOS 5:21

Señor, me regocijo en ti. Perdona mi confusión, y limpia de todo mal mi corazón y mis pensamientos.

El evangelio no es parcial ni pobre — Agosto 21

La falta de felicidad en la vida cristiana con frecuencia se debe a que no nos damos cuenta de la grandeza del evangelio. Este no es algo parcial. Involucra toda la vida, toda la historia, todo el mundo. Nos cuenta acerca de la creación, nos habla del juicio final y de todos los sucesos intermedios. Presenta un cuadro completo y total de la vida. Trata todas las eventualidades de nuestra experiencia. Es propósito del evangelio el controlar y dominar todo lo que existe en nuestras vidas. Debemos aprovechar más nuestras riquezas.

> La Palabra de Dios more en abundancia en vosotros.
>
> COLOSENSES 3:16

¡Cuán grande eres! Gracias, Señor Jesús, porque viniste a convertirnos en hijos del Rey, y no en pordioseros.

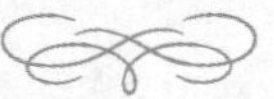

Que las burlas no te detengan — Agosto 22

En el instante en que nos convertimos en cristianos, pasamos a ser objeto de las atenciones especiales de Satanás. Con frecuencia usa el arma del ridículo para desalentarnos e impedir que hagamos la obra de Dios. Es su propósito arruinar y destruir la obra del evangelio.

> Cuando oyó Sanbalat que nosotros edificábamos el muro ... hizo escarnio de los judíos.
>
> Nehemías 4:1

Gracias, Señor, por promesas dinámicas como la siguiente: «¿Quién es el que vence al mundo, sino el que cree que Jesús es el Hijo de Dios?». Guárdanos cerca de tu corazón, a fin de que veamos las cosas, por así decirlo, desde tu punto de vista.

Concéntrate en el cielo — Agosto 23

¿Crees que el Hijo de Dios bajó del cielo, vivió en la tierra, murió en la cruz, resucitó, ascendió al cielo y envió el Espíritu Santo a fin de dejarnos en un estado de confusión? Por cierto que no. Sería imposible.

> Y esta es la vida eterna: que te conozcan a ti, el único Dios verdadero, y a Jesucristo, a quien has enviado.
>
> Juan 17:3

Ven, Santo Espíritu de Dios.
Ven, luz de vida, infúndenos tu gracia bienhechora.
Ven, luz de celestial fulgor,
enciéndenos con santo ardor,
en nuestras almas mora.
Porque solo por tu gracia,
en la lucha por tu gloria lograremos la victoria.

Michael Schirmer

Dios está dispuesto a dárnoslo todo Agosto 24

El error del hombre que no comprende claramente el sentido de la justificación por la fe es que todavía está procurando corregirse por su cuenta. No es posible elevarnos tirando de los cordones de nuestros zapatos. Si no ves con claridad lo que es la justificación por la fe, habla con tu Señor al respecto. Él está dispuesto a satisfacer plenamente tus inquietudes.

> Poderoso es Dios para hacer que abunde en vosotros toda gracia, a fin de que, teniendo siempre en todas las cosas todo lo suficiente, abundéis para toda buena obra.
>
> 2 Corintios 9:8

Señor Jesús, abre mis ojos para que pueda ver las muchas bendiciones de la eternidad que puedo disfrutar ahora mismo.

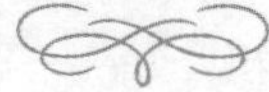

Espera y verás Agosto 25

No atribuyas apresuradamente todas las cosas a Dios. No aceptes fácilmene que los sueños, las voces, las impresiones, las visiones y revelaciones procedan de Dios. Pueden proceder de él, o de la naturaleza, o del demonio.

> Amados, no creáis a todo espíritu, sino probad los espíritus si son de Dios.
>
> 1 Juan 4:1

Gracias, Espíritu Santo, porque nos da el don de discernir los espíritus. Haz que nuestra visión se mantenga clara.

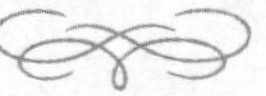

No busques los dones, busca a Dios Agosto 26

Mirando a Jesús. Yo miré a Jesús, y la paloma de la paz entró en mi corazón. Miré a la paloma de la paz, y volando se alejó de mí.

Antes buscaba la bendición, ahora busco al Señor. Antes, el sentimiento; ahora, la Palabra. Antes buscaba el don. Ahora soy del dador. Antes buscaba curación, ahora solo busco al Señor.

> Todo don perfecto desciende de lo alto.
>
> SANTIAGO 1:17

Señor, gracias por todo lo que me has dado, pero sobre todas las cosas, gracias por lo que eres.

Dalo por cierto Agosto 27

La gente bien sabe que no existe seguridad alguna en el mundo de hoy. Este conocimiento debiera resultar de bendición, pues ha de abrir sus corazones a la Palabra de Dios.

> El cielo y la tierra pasarán, pero mis palabras no pasarán.
>
> MATEO 24:35

Cuando las personas se sienten inseguras, necesitan ayuda. Señor Jesús, tenemos en ti la ayuda que ellas precisan. Utilízanos para ayudar a todos los que quieran escuchar.

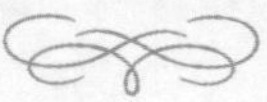

¿Sabes qué hizo hoy Jesús? Agosto 28

Muchos cristianos no se dan cuenta de la obra que está haciendo Jesús hoy. Olvidan que trabaja como nuestro abogado frente al Padre, limpiándonos de nuestros pecados tan pronto los confesamos.

> Si alguno hubiere pecado, abogado tenemos para con el Padre, a Jesucristo el justo.
>
> 1 JUAN 2:1

Gracias, Jesús, por tu amor, y porque estás intercediendo constantemente por nosotros.

Era el día de mi muerte Agosto 29

En el campo de concentración, yo llevaba el número 66.730. Un día, mientras pasaban lista, me llamaron y me pusieron en un extremo de la fila. ¿Por qué el cambio? ¿Sería que me iban a ejecutar ese mismo día?

A mi lado estaba una muchacha holandesa. Estuve largo rato parada, y pensé: «Tal vez, esta sea la última persona a quien pueda anunciar el evangelio, pues dentro de poco me matarán». Conversamos largamente, y le indiqué el camino de la salvación.

> Aprovechando bien el tiempo, porque los días son malos.
>
> EFESIOS 5:16

Hazme fiel en tu obra, Señor, sean cuales fueren las circunstancias.

No te conformes con saber

Agosto 30

A la muchacha holandesa que estaba a mi lado mientras pasaban lista, le pregunté:

—¿Lees la Biblia?

—No, nunca —me respondió.

—¿Conoces al Señor Jesús?

—No. ¿Quién es?

Le hablé de Jesús, y de cómo murió en la cruz por toda la humanidad. Le pregunté:

—¿Te das cuenta que necesitas un Salvador? ¿Que eres lo que la Biblia llama una pecadora?

—Sé que soy una pecadora —me contestó.

—Y si mueres en este lugar, ¿estás preparada?

—No.

—Jesús es la respuesta. Murió por los pecados de todo el mundo, y también por tus pecados.

> Pecado llevó, y las gracias le doy, completo el trabajo está; llevólo en la cruz, y ya libre estoy, ¡Oh, mi alma, bendice al Señor!
>
> H. G. SPAFFORD

> Si confesamos nuestros pecados, él es fiel y justo para perdonar nuestros pecados, y limpiarnos de toda maldad.
>
> 1 JUAN 1:9

Señor, esto es mucho más de lo que yo puedo comprender. ¡Eres un Salvador maravilloso!

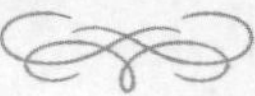

Pasando lista

Seguí conversando con la chica que estaba a mi lado en la fila.

—¿Sabes que cuando le pides a Jesús que entre en tu vida y tu corazón, él te da la paz? Tal vez dentro de una hora me maten, pero no tengo temor. Sé que soy de Jesús, y que iré al cielo.

—Me gustaría conocer a Jesús —me dijo.

—Entonces, háblale en tu corazón. Él te escuchará.

> Entonces Jesús le dijo:
>
> —Yo soy la resurrección y la vida. El que cree en mí vivirá, aunque muera; y todo el que vive y cree en mí no morirá jamás. ¿Crees esto?
>
> JUAN 11:25-26

Señor, te doy gracias porque nunca rechazas a quien se acerca a ti.

Septiembre

Usa cada momento

Septiembre 1

Ese día, que creí que sería mi último, la muchacha holandesa me dijo:

—¿Cómo cree usted todas estas cosas que me ha dicho acerca de Jesús?

—Las sé porque están en la Biblia.

La muchacha aceptó al Señor Jesús mientras estábamos paradas en la fila esa mañana. Yo pensé que ella sería la última persona que podría llevar a Cristo, pero ese día, en lugar de ejecutarme, me liberaron.

> He aquí yo estoy con vosotros todos los días, hasta el fin del mundo.
>
> MATEO 28:20

Señor, no sabemos lo que nos espera en esta vida, pero sea bueno o malo, estamos dispuestos a que tú nos uses en tu servicio. Úsanos hasta el momento en que seamos trasladados de servir bien a servirte mejor, que será cuando comiences a usarnos en tu gloria.

Ahora es tu turno, Espíritu Santo

Septiembre 2

Cuando estoy hablando con un hijo de Dios recién nacido, procuro no decirle lo que debe o no debe hacer en su vida. Estas decisiones es mejor dejárselas al Espíritu Santo. Mi misión es la de llevar almas a Cristo, y no a alguna doctrina en particular.

> Cuando venga el Espíritu de verdad, él os guiará a toda verdad.
>
> JUAN 16:13

Gracias, Señor, porque cuando llevamos una persona a ti, sabemos que tú te encargarás de guiarla.

Él cree en ti

Septiembre 3

La gloria de la amistad no está en la mano tendida, ni en la sonrisa amable, ni en la alegría del compañerismo. Está en la inspiración espiritual que uno recibe cuando descubre que hay alguien que cree en él y está dispuesto a confiar, brindándole su amistad.

> Ya no os llamaré siervos, porque el siervo no sabe lo que hace su señor; pero os he llamado amigos, porque todas las cosas que oí de mi Padre, os las he dado a conocer.
>
> JUAN 15:15

Señor, gracias por la confianza demostrada cuando nos llamaste amigos. Úsanos para que podamos mostrar a otros la belleza de la amistad cristiana.

Lavado de cabeza

Septiembre 4

O la Palabra de Dios te alejará del pecado, o el pecado te alejará de la Palabra de Dios. Cuando un hombre está realmente en Cristo, es un hombre salvado. Todo lo que puede hacer el diablo es molestarlo. Despídete de una vez por todas de tu pasado. Ha sido borrado totalmente en Cristo.

> Vuélveme el gozo de tu salvación.
>
> SALMO 51:12

Señor Jesús, el diablo podrá perturbarnos, pero estamos seguros y salvos bajo tu cuidado. ¡Gracias!

Dios acepta llamadas por cobrar Septiembre 5

No te aflijas ni preocupes por nada. Cuéntale a Dios en detalle todas tus necesidades, en una oración sincera y agradecida, y recibirás la paz que trasciende toda comprensión humana.

> Estas cosas os he hablado para que en mí tengáis paz.
>
> JUAN 16:33

¡Señor, qué alegría poder llevarte todas nuestras preocupaciones! Solos, no podemos hallar la paz. Gracias, porque quieres escucharnos, y porque tu línea de teléfono nunca da «ocupado».

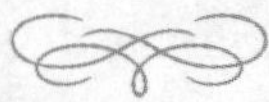

Toma esto y llámalo por la mañana Septiembre 6

La Biblia es un libro que ha sido escrito a fin de que el pueblo de Dios vea el camino de Dios en toda la vida. Es un libro eminentemente práctico.

Elías tuvo un ataque de depresión espiritual después de su esfuerzo heroico en el Monte Carmelo. (Ver 1 Reyes 18, 19). Sentía lástima por si mismo. Y lo que realmente necesitaba era comer y dormir. Dios suplió ambas necesidades.

> No nos cansemos, pues, de hacer el bien; porque a su tiempo segaremos, si no desmayamos.
>
> GÁLATAS 6:9

Señor, tú sabes cuán cansado estoy. ¿Quieres darme una noche de descanso, y ayudarme a disciplinar mi dieta? Indícame si he hecho mi trabajo confiando en mis propias fuerzas, en lugar de obrar en el poder del Espíritu Santo.

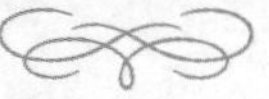

El correo más antiguo es la oración Septiembre 7

Debemos participar de los sufrimientos de los demás cristianos. No podemos cerrar los ojos cuando tantos de nuestros hermanos son perseguidos. En la actualidad, alrededor del sesenta por ciento de los miembros del cuerpo de Cristo sufren tribulación. Nuestras oraciones en favor de ellos son importantes, y podemos saber por la fe que Dios puede aliviar sus cargas por medio de nuestra intercesión.

> Sobrellevad los unos las cargas de los otros, y cumplid así la ley de Cristo.
>
> GÁLATAS 6:2

Señor, haz que nos demos cuenta, continuamente, de la posibilidad de que suframos antes de que vuelvas. Quita nuestros temores, y haz que estemos listos.

Dios se ocupa de los detalles Septiembre 8

De generación en generación, en comienzos pequeños y lecciones pequeñas, Dios tiene sus propósitos para aquellos que le conocen y confían en él.

> Los que menospreciaron el día de las pequeñeces se alegrarán.
>
> ZACARÍAS 4:10

Señor, sé que la más insignificante de mis acciones es parte de tu plan desde que colocaste tu mano sobre mí y te entregué mi vida.

Nuestro Padre sabe más

Septiembre 9

A veces, oro ante una Biblia abierta y digo: «Padre, tú me has prometido esto. Ahora confío en que has de cumplir tu promesa». Sé que agrado a Dios, porque él cumplirá todo lo que ha prometido, y se goza de que nosotros confiemos en que será así.

> Y esta es la confianza que tenemos en él, que si pedimos alguna cosa conforme a su voluntad, él nos oye.
>
> 1 JUAN 5:14

Cuando te pedimos, Señor, que cumplas tus promesas, somos como niños que le piden alimento y abrigo a sus padres. Sabemos que suplirás nuestras necesidades, pues nos amas. Pero también sabemos que, como buen Padre, haces lo que ves que es mejor para nosotros.

No busques sabiduría, busca a Dios

Septiembre 10

¿Te sientes inseguro cuando le hablas acerca de Jesús a gente muy sabia? ¡Suelen hacer preguntas tan difíciles! Tu misión no es ser sabio. No el hombre, sino Dios, tiene las respuestas. Conténtate con ser un vehículo que comunique el Espíritu de Dios. Sé obediente, y él te dará lo necesario para que ganes la victoria.

> Así que, hermanos, cuando fui a vosotros a anunciaros el testimonio de Dios, no fui con excelencia de palabras o de sabiduría ... y ni mi palabra ni mi predicación fue con palabras persuasivas de humana sabiduría, sino con demostración del Espíritu y de poder.
>
> 1 CORINTIOS 2:1, 4

Señor, gracias por el evangelio, y porque este es para todos, tiene la respuesta a todas las preguntas, y es poder de Dios para salvación. Señor, ayúdanos a compartir nuestras riquezas con los demás. Danos la plenitud de tu Espíritu Santo.

Lo que puede hacer un creyente solo — Septiembre 11

Los hijos de Dios tienen poder sobre Satanás por medio del nombre de Jesús. Un solo agente de tránsito tiene el poder para detener cientos de vehículos. Así, un solo creyente tiene la autoridad para detener a Satanás y sus demonios.

> Señor, aun los demonios se nos sujetan en tu nombre.
>
> LUCAS 10:17

Gracias, Señor, por poner a nuestra disposición tamaño poder.

Tu arma secreta — Septiembre 12

«Sed llenos del Espíritu Santo» es un mandato del Señor. El enemigo teme a las personas que, llenas del Espíritu, poseen los dones acerca de los cuales se nos habla en 1 Corintios 12 y 14. Satanás tiene gran éxito en lograr que los asuntos tratados en esos capítulos sean motivo de peleas entre creyentes. No debes discutir, sino obedecer. Y nunca te olvides de 1 Corintios 13, pues si posees todos los dones, y careces de amor, no tienes nada.

> Si hablo en lenguas humanas y angelicales, pero no tengo amor, no soy más que un metal que resuena o un platillo que hace ruido. Si tengo el don de profecía y entiendo todos los misterios y poseo todo conocimiento, y si tengo una fe que logra trasladar montañas, pero me falta el amor, no soy nada.
>
> 1 CORINTIOS 13:1-2 (NVI)

Señor, necesito la riqueza de tus dones en la difícil batalla espiritual de nuestros días. Te doy gracias porque vivo después de Pentecostés. ¡Aleluya!

Carga combustible

Septiembre 13

El Espíritu Santo testifica de Jesús, de modo que cuando estás lleno del Espíritu, hablas acerca de nuestro Señor, y realmente le honras con tu vida.

> Pero cuando venga el Espíritu de verdad, él os guiará a toda la verdad; porque no hablará por su propia cuenta, sino que hablará todo lo que oyere, y os hará saber las cosas que habrán de venir. Él me glorificará, porque tomará de lo mío y os lo hará saber.
>
> JUAN 16:13-14

Gracias, Señor Jesús, porque estás deseoso de llenarnos vez tras vez del Espíritu Santo, y porque el fruto y los dones están disponibles para nosotros. ¡Cómo los necesitamos, y cómo nos necesita el mundo que nos rodea!

El poder que prevalece

Septiembre 14

No poseo ningún don especial que me permita echar fuera demonios, pero en algunas ocasiones lo he tenido que hacer, en obediencia al Señor. Solo soy un pámpano de la vid; las bendiciones de Dios pueden correr a través de mí, pero lo que prevalece es el poder de Dios.

> En mi nombre echarán fuera demonios.
>
> MARCOS 16:17

Todo el éxito nuestro es parte de tu victoria. Nada reclamamos, Señor, sino tu poder. Indícanos con claridad cuál es tu voluntad, de modo que hagamos lo que debemos hacer.

Él nos da la armadura — Septiembre 15

Una cosa es echar fuera demonios, y otra evitar que entren. Para estar libre de ellos, una persona debe velar, orar, e ir almacenando fielmente sus recursos espirituales. Debe resistir resueltamente todos los esfuerzos que haga Satanás de entrar en su vida.

> Vosotros también, poniendo toda diligencia por esto mismo, añadid a vuestra fe virtud; a la virtud, conocimiento; al conocimiento, dominio propio; al dominio propio, paciencia; a la paciencia, piedad; a la piedad, afecto fraternal; y al afecto fraternal, amor. Porque si estas cosas están en vosotros, y abundan, no os dejarán estar ociosos y sin fruto en cuanto al conocimiento de nuestro Señor Jesucristo.
>
> 2 Pedro 1:5-8

Gracias, Señor, porque tú haces que seamos más que vencedores en la lucha contra las potestades infernales.

Él permite que uses su nombre — Septiembre 16

No necesitamos temer a los demonios, aunque con frecuencia ellos procuran llevar el miedo a nuestros corazones. Nunca olvides que los que están con nosotros son mucho más fuertes que los que están contra nosotros. Las armas de nuestra lucha espiritual son la potencia de la sangre de Cristo y el uso de su nombre maravilloso.

> Someteos, pues, a Dios; resistid al diablo, y huirá de vosotros.
>
> Santiago 4:7

Gracias, Señor, porque tú nos has dado una artillería divina que silencia al enemigo, y le haces el daño que él quisiera hacernos a nosotros.

Disfruta de la gracia que recibes — Septiembre 17

La Palabra de Dios es nuestra para que la aceptemos y nos regocijemos. Nunca dejes que tu intelecto te lleve a inútiles discusiones en cuanto a cuestiones de interpretación. Si te presentan un sabroso manjar, no te detienes a someterlo a un análisis. Lo comes y disfrutas de él. A la Palabra de Dios hay que saborearla, no discutirla.

> Gustaron de la buena palabra de Dios, y los poderes del siglo venidero.
>
> HEBREOS 6:5

Señor Jesús, guía nuestro pensamiento y nuestras palabras. Ayúdanos a disfrutar de las promesas de la Palabra de Dios. Haz que comprendamos cuán ricos somos, por tu gracia y amor.

Lo que compartimos con Jesús — Septiembre 18

Dios ha enviado a nuestros corazones el Espíritu de su Hijo. ¿Nos damos cuenta de que, como cristianos, tenemos dentro de nosotros al mismo Espíritu Santo que estuvo en el Señor Jesús cuando andaba en esta tierra? El Espíritu que le dio poder a él nos dará poder a nosotros.

> ¿Ignoráis que vuestro cuerpo es templo del Espíritu Santo, el cual está en vosotros, el cual tenéis de Dios, y que no sois vuestros?
>
> 1 CORINTIOS 6:19

Señor, tengo ansias de ser llenado, y seguir lleno, del Espíritu Santo. Muéstrame si hay alguna vacilación dentro de mí; algún «sí, pero...», o algún temor. Perdóname y limpíame, Señor.

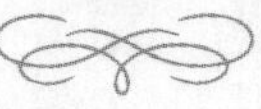

¿Qué harías? Septiembre 19

Una persona que visitaba un hospital vio a una enfermera curando las llagas de un leproso. Le dijo:

—Eso yo no lo haría ni por un millón de dólares.

La enfermera respondió:

—Yo tampoco. Pero, para Jesús, lo hago gratis.

> En cuanto lo hicisteis a uno de estos mis hermanos más pequeños, a mí lo hicisteis.
>
> MATEO 25:40

¡Cuánto has hecho por mí, Señor! ¿Qué estoy haciendo por ti?

Mucho, a partir de poco Septiembre 20

Cuando a una mujer, que se dirigía a un trabajo muy peligroso en un país extranjero se le preguntó si no tenía algo de temor, contestó: «Temo una sola cosa: convertirme en un grano de trigo que no esté dispuesto a morir».

> Si el grano de trigo no cae en la tierra y muere, queda solo; pero si muere, lleva mucho fruto.
>
> JUAN 12:24

Gracias, Señor, porque cuando pierdo mi vida por amor a ti, la hallo.

¡Rodeados! Septiembre 21

Yo estaba en la oficina de aduanas de Moscú con mi maleta llena de Biblias en ruso que deseaba introducir al país. Vi como los empleados revisaban minuciosamente todo el equipaje, y tuve temor.

Entonces dije: «Señor, tú has dicho en la Biblia que vigilas tu Palabra para que ella obre. Las Biblias que están en mi maleta son tu Palabra, Señor. Cuídalas».

En ese momento, vi seres luminosos alrededor de mi valija. Tienen que haber sido ángeles. Es la única vez en mi vida que he visto ángeles. No los puedo describir, pues desaparecieron en un instante. ¡Así desaparecieron también mis temores!

> ¿No son todos los ángeles espíritus dedicados al servicio divino, enviados para ayudar a los que han de heredar la salvación?
>
> HEBREOS 1:14

Gracias, Señor, porque los que están con nosotros son más numerosos y más fuertes que los que están en contra. ¡Aleluya!

¡Te hará pasar por la aduana! Septiembre 22

En la aduana de Moscú, mi equipaje fue el último en ser atendido por el funcionario aduanero. Preguntó:

—¿Es este su equipaje, señora?

—Sí.

—¡Es una maleta bien pesada!

—Sí.

Miró a su alrededor, y dijo:

—Espere. Yo he terminado mi trabajo. Puedo llevar su maleta hasta el automóvil de *Intourist*.

Levantó la pesada valija y la llevó hasta el auto, sin siquiera abrirla. ¡Cómo me puse de contenta!

Dios ha dicho: «Nunca te dejaré; jamás te abandonaré.» Así que podemos decir con toda confianza: «El Señor es quien me ayuda; no temeré. ¿Qué me puede hacer un simple mortal?»

HEBREOS 13:5-6 (NVI)

Dame la fuerza necesaria para no dejarme vencer por alguna situación difícil. Sé que hasta los cabellos de mi cabeza están contados.

Dios siempre está pensando en ti

Septiembre 23

Cuando yo trabajaba detrás de la Cortina de Hierro, la vida con frecuencia era peligrosa. Todo parecía tan difícil. Veía mucha tristeza dentro de mí y a mi alrededor. ¿Sabes cómo se siente una persona cuando la amenazan los peligros y está consciente de su debilidad y de la fuerza del enemigo? Yo sí lo sé. Y podemos saber también que nunca estamos solos, jamás. Jesús estuvo y está conmigo. Jesús está contigo. Su cuidado constante no se aparta de ti ni por un momento.

Pero ahora, así dice el SEÑOR,
el que te creó, Jacob,
el que te formó, Israel:
«No temas, que yo te he redimido;
te he llamado por tu *nombre; tú eres mío.
Cuando cruces las aguas,
yo estaré contigo;
cuando cruces los ríos,
no te cubrirán sus aguas;
cuando camines por el fuego,
no te quemarás ni te abrasarán las llamas.

ISAÍAS 43:1-2 (NVI)

Señor, la tristeza y los peligros pueden acosarnos. Solamente estamos seguros en ti. Gracias, Señor, porque tenemos la victoria con nuestras manos débiles en tu mano fuerte. ¡Aleluya!

El cielo está esperando — Septiembre 24

Cuatro señales de un arrepentimiento verdadero son: el reconocimiento del mal, la disposición a confesarlo, la voluntad de abandonarlo, y el deseo de reparar los daños hechos.

> Pero, según su promesa, esperamos un cielo nuevo y una tierra nueva, en los que habite la justicia.
>
> Por eso, queridos hermanos, mientras esperan estos acontecimientos, esfuércense para que Dios los halle sin mancha y sin defecto, y en paz con él.
>
> 2 Pedro 3:13-14

Señor, estoy dispuesto. Guíame por tu Espíritu Santo para que vea mis pecados, me arrepienta, me aleje de ellos, los confiese, y procure arreglarme con las personas contra quienes he pecado y que han sufrido debido a mis motivos errados y malas acciones.

Así comienza la más grande aventura — Septiembre 25

La fe es una aventura fantástica de confianza ilimitada en el Señor.

> Encomienda a Jehová tu camino, y confía en él; y él hará.
>
> Salmo 37:5

Señor, podemos hacer cosas maravillosas mediante nuestra confianza en ti. Nuestras vidas se transforman en una continua aventura, y sabemos que el lugar más seguro del mundo está en el centro de tu voluntad.

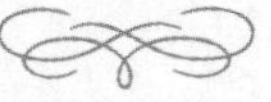

Llévale tus preocupaciones

Septiembre 26

A veces soy un termómetro. Al ver todas las necesidades que me rodean, bajo y sigo bajando. Pero tenemos que ser termostatos y no termómetros. El termostato siente el frío e inmediatamente restaura la temperatura que falta, poniendo a la habitación en contacto con la fuente de calor. Es lo que debemos hacer.

> El petirrojo le dijo al gorrión:
> «¡Cómo me gustaría saber
> por qué estos seres humanos
> están llenos de ansiedad,
> y se afligen mientras corren
> de un lado para otro!».
>
> El gorrión le respondió:
> «Creo, mi amigo,
> que debe ser que no tienen un
> Padre celestial como el que nos cuida a mí y a ti».
>
> Elizabeth Cheney

> Vuestro Padre celestial sabe que tenéis necesidad de todas estas cosas.
>
> Mateo 6:32

Padre, mantennos tan cerca de tu corazón, que aunque estemos alertas ante las necesidades que nos rodean, no nos deprimamos por lo que vemos. Ayúdanos a obrar y auxiliar.

Los mendigos y el rey — Septiembre 27

La fe es la mano de un mendigo que se extiende para recibir las dádivas del Rey. La vida eterna es un regalo. Es dado por medio de la gracia. No es algo que hayamos merecido o ganado.

> Porque por gracia sois salvos, por medio de la fe; y esto no de vosotros, pues es don de Dios.
>
> EFESIOS 2:8

Padre, sabemos que jamás podríamos ganar la vida eterna por nuestros esfuerzos. El hecho de que tú nos la hayas entregado gratuitamente hace que nos resulte aun más preciosa.

No oigas al diablo, escucha al Señor — Septiembre 28

Aunque continuemos pecando y a veces nos resulte difícil llevar una vida victoriosa, no debemos detenernos a pensar en nuestros pecados, pues si lo hacemos el diablo nos llevará al derrotismo.

> Queriendo hacer yo el bien, hallo esta ley: que el mal está en mí.
>
> ROMANOS 7:21

> Ten ánimo, hijo, tus pecados te son perdonados.
>
> MATEO 9:2

Padre, el diablo parece muy veraz cuando nos dice lo malo que somos. Cuando su voz suena muy fuertemente, te ruego me susurres al oído: «Tus pecados te son perdonados».

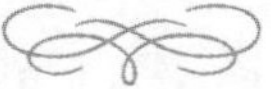

Dios completó su obra

Septiembre 29

La Biblia dice que Dios ha colocado sobre Jesús la carga de los pecados de todo el mundo. Cree en el Señor Jesucristo, y perderás tu carga.

> Yo, la luz, he venido al mundo, para que todo aquel que cree en mí no permanezca en tinieblas.
>
> JUAN 12:46

Señor Jesús, gracias porque viniste al mundo en obediencia a tu Padre. Gracias porque consumaste en la cruz todo lo que era necesario hacer para salvar mi alma, limpiar mi corazón y llenar mi cuerpo, alma y pensamiento de tu amor.

Tu mente, libre como tu corazón

Septiembre 30

«Bienaventurados los que lloran; porque ellos recibirán consolación». Lo dijo Jesús, según Mateo 5:4. ¿Cómo pueden las lágrimas hacerte daño si son el medio que Dios usa para bendecirnos? Pablo estaba tan afligido que exclamó:

> ¡Soy un pobre miserable! ¿Quién me librará de este cuerpo mortal? ¡Gracias a Dios por medio de Jesucristo nuestro Señor!
>
> En conclusión, con la mente yo mismo me someto a la ley de Dios, pero mi naturaleza pecaminosa está sujeta a la ley del pecado.
>
> ROMANOS 7:24-25 (NVI)

Señor Jesús, te doy gracias porque tienes para mí un océano de amor y consolación.

Octubre

Manso no significa débil

Octubre 1

Bienaventurados los mansos, porque ellos heredarán la tierra. La mansedumbre implica la existencia de un espíritu al que se puede enseñar. El mundo piensa en términos de fortaleza y poder, de capacidad, de seguridad y de posesión. Un cristiano es distinto. Pertenece a un reino diferente. Los mártires fueron mansos, pero nunca fueron débiles.

> Llevad mi yugo sobre vosotros, y aprended de mí, que soy manso y humilde de corazón; y hallaréis descanso para vuestras almas.
>
> MATEO 11:29

Espíritu Santo, hazme manso, de modo que pueda ser utilizado como instrumento tuyo, mediante tu fruto y tus dones.

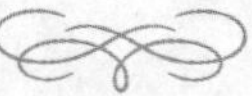

La auténtica fe

Octubre 2

Nunca debemos permitir que nos agiten o perturben las circunstancias. Hacerlo implica una falta de fe y confianza en nuestro bendito Señor. Dios nos da el don de la fe, y luego dicha fe es probada.

> En lo cual vosotros os alegráis, aunque ahora por un poco de tiempo, si es necesario, tengáis que ser afligidos en diversas pruebas, para que sometida a prueba vuestra fe, mucho más preciosa que el oro, el cual aunque perecedero se prueba con fuego, sea hallada en alabanza, gloria y honra, cuando sea manifestado Jesucristo.
>
> 1 PEDRO 1:6-7

Gracias, Señor, porque tú nos das la fe, y la reparas cuando es necesario. Junto contigo, Señor Jesús, somos victoriosos.

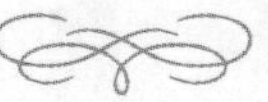

Puertas abiertas, techos altos, victorias sin fin

Octubre 3

El punto tope o plafón de Dios es la altura ilimitada. Solo requiere de nuestra parte que sintamos necesidad. Las ventanas del cielo están abiertas de par en par.

> Para los hombres es imposible —aclaró Jesús, mirándolos fijamente—, mas para Dios todo es posible.
>
> MATEO 19:26 (NVI)

Señor, sabemos que tienes entre manos la victoria. Sabemos que para ti todo es posible.

¿Qué lees?

Octubre 4

El lugar más importante al que puedes llevar el evangelio es el seno de la familia. Pero mientras la familia no *vea* las cosas de que hablas, jamás escucharán tus palabras.

> Yo soy la Biblia de mi prójimo, quien
> me lee cada vez que nos encontramos.
> Hoy me lee en la casa, y mañana en la calle.
> Puede ser pariente o amigo, o una persona a
> quien apenas conozco. Tal vez ni siquiera sepa
> mi nombre. ¡Pero me está leyendo!

> Y me seréis testigos.
>
> HECHOS 1:8

Señor, haz que sea un testimonio en mi familia y entre mis vecinos. Toma mi vida como instrumento tuyo. Ayúdame a llevar una vida que te glorifique en todo.

Los muchos idiomas del amor — Octubre 5

Cuando éramos adolescentes, cada uno de nosotros, en casa, tenía una Biblia en un idioma diferente. La mía estaba en inglés; la de Betsie, en hebreo; la de Nollie, en francés; la de Willem, en griego. Así comparábamos los versículos bíblicos, y a la vez estudiábamos un idioma distinto. Estas actividades juveniles resultaron de gran importancia en nuestra vida posterior.

¡Nuestra preparación es tan compleja! ¿Quién puede decir qué es lo que convierte a un niño en cierto tipo de hombre? Nuestro consuelo está en que el Señor conoce la historia completa de nuestras vidas, y se encargará de la preparación y la enseñanza.

> Id por todo el mundo, y predicad el evangelio a toda criatura.
>
> MARCOS 16:15

¡Señor, qué bendición que tú conozcas todos los idiomas de este mundo, y que a los cristianos nos hayas encargado el anuncio del evangelio en todo el mundo!

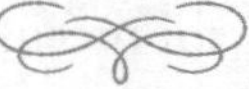

Mira alrededor de ti — Octubre 6

Si realmente amas a tu prójimo, debes advertirle del peligro de que pierda la vida eterna. Cuéntales a todas las personas que estén a tu alcance la gloriosa historia de Jesús, a fin de que puedan ser salvadas a tiempo. El mundo está repleto de hombres y mujeres que necesitan la salvación. La misión nuestra es la de hallarlos y entregar el mensaje.

> Y en ningún otro hay salvación, porque no hay otro nombre bajo el cielo, dado a los hombres, en que podamos ser salvos.
>
> HECHOS 4:12

Espíritu Santo, ayúdanos a no perder una sola oportunidad.

¿Dónde dejarás tu pasado? Octubre 7

Yo tengo un libro en la mano. El libro puede estar sobre la mesa, o sobre la silla, pero tiene que estar en alguna parte. Es así con nuestro pasado. ¿Estás cargando solo tu pasado y tus pecados?

> Jehová cargó en él [Jesús] el pecado de todos nosotros.
>
> Isaías 53:6

Señor, mi pasado es una carga demasiado pesada para mí. Hace que yo sea débil e ineficaz. Gracias, Señor, por haber quitado mi carga.

Si no lo entiendes, tan solo obedece Octubre 8

Cuando hay algo en la Biblia que no entiendes, no lo rechaces, sino déjalo en remojo por un tiempo. Yo leí en Ezequiel 38:4 que el enemigo vendrá a caballo, pero hoy en día el ejército no anda a caballo. ¡Luego leí en los diarios que Rusia ha adquirido el setenta por ciento de los caballos del mundo para su ejército! Yo ya había puesto a un lado Ezequiel 38, pero tuve que volver a él. Nunca rechaces lo que no comprendes.

> Dios tiene la llave de lo desconocido, y mucho me alegro. Si otras manos la tuvieran, o si él me la hubiese confiado a mí, tal vez estaría triste.
>
> Confía siempre en él, pueblo mío;
> ábrele tu corazón cuando estés ante él.
> ¡Dios es nuestro refugio!
>
> Salmo 62:8 (NVI)

No es indispensable para nosotros entenderlo todo. Nuestro deber es obedecer simplemente, confiando en tu guía y protección, Señor.

Fíjate en su diseño

Octubre 9

La realidad que vemos por la fe es mucho más importante que los resultados de todos nuestros razonamientos lógicos.

> Porque por fe andamos, no por vista.
>
> 2 Corintios 5:1

Señor, cuando no hay visión, el pueblo perece. Haz que nuestra fe sea fuerte y poderosa por medio de tu Espíritu Santo, de modo que podamos ver tu plan.

Él va al frente contigo

Octubre 10

Nuestra vida de todos los días es el frente de batalla en la guerra contra el diablo. Dios mismo decide dónde cada uno de nosotros ha de luchar. No podemos escoger el campo de batalla que más nos guste. Si venciste en algún problema hoy, con el poder de Jesucristo, ganaste una victoria. Estás más fuerte para intervenir en la batalla final.

> Y si demonios mil están prontos a devorarnos,
> no temeremos, porque Dios
> sabrá cómo ampararnos.
> ¡Que muestre su vigor Satán y su furor!
> Dañarnos no podrá, pues condenado es ya
> por la Palabra santa.
>
> Martín Lutero

> Mas gracias sean dadas a Dios, que nos da la victoria por medio de nuestro Señor Jesucristo.
>
> 1 Corintios 15:57

Señor, danos la gracia de luchar donde tú quieras colocarnos. Tú ves todo el campo de batalla, y nosotros apenas una parte de él.

¿Gran necesidad? ¡Gran Dios! Octubre 11

Cuando leemos en la Biblia la historia de los discípulos, vemos las grandes lecciones que podemos aprender acerca de la fe. Estoy agradecida por el relato de cada error que cometieron. Me veo reflejada en ellos. La Biblia dice la verdad y presenta un cuadro de toda la fragilidad humana.

> ¿Por qué teméis, hombres de poca fe? Entonces, levantándose, reprendió a los vientos y al mar; y se hizo grande bonanza.
>
> MATEO 8:26

Señor, te doy gracias porque no me pides una gran fe, sino una fe en un gran Dios.

¡Dios es digno! Octubre 12

—Gracias por su mensaje, Corrie.

—¿Cuál fue mi mensaje?

—Usted dijo que debemos creer en Dios.

—¡El diablo también cree en Dios! ¡Y tiembla! Yo les dije otra cosa. Nadie puede acercarse a Dios sin Jesús. Es a Jesús que debemos aceptar. Debemos rendirnos a él, quien nos compró por muy alto precio, el de su sangre. Debemos darle un equivalente de lo que él ha pagado.

> Fuisteis rescatados ... no con cosas corruptibles, como oro o plata, sino con la sangre preciosa de Cristo.
>
> 1 PEDRO 1:18-19

Señor Jesús, tú eres la vida de mi vida, la muerte de mi muerte. ¡Cómo sufriste en cuerpo, alma y mente cuando moriste en la cruz por mí! Gracias, Señor. ¡Cómo te lo agradezco!

Él nos hace más que capaces Octubre 13

La suficiencia total de Dios es de máxima importancia. Tu incapacidad es de importancia mínima. Especialízate en lo máximo y no en lo mínimo. No está en juego tu capacidad. La suficiencia total de Dios y tu incapacidad deben encontrarse.

> Todo lo puedo en Cristo que me fortalece
>
> FILIPENSES 4:13

Gracias, Señor, porque tu Espíritu Santo me permite especializarme en tu poder divino y valerme de él.

Déjalo todo Octubre 14

Un presidiario me dijo: «Decidí seguir a Jesús, pero la política, mi automóvil, mi poder y mi trabajo se interpusieron entre Dios y mi persona. Que yo esté aquí es un juicio de Dios».

Ese estante detrás de la puerta, sácalo y tíralo. No lo uses más para nada, pues Jesús quiere toda tu casa, desde el techo hasta el piso. ¡Y hasta necesita ese pequeño estante, escondido tras la puerta!

> Y dejándolo todo, se levantó y le siguió.
>
> LUCAS 5:28

Señor, con tu gran amor me quieres en un cien por ciento. Me humillo. Tómame, Señor, de pies a cabeza.

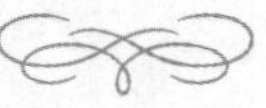

El error que él convierte en belleza

Octubre 15

Una vez visité una escuela de tejidos en donde los alumnos estaban efectuando diseños muy hermosos. Pregunté: ¿Cuando ustedes se equivocan, tienen que cortar lo hecho y comenzar todo de nuevo?

Un estudiante me respondió:

—No. Nuestro maestro es un gran artista, y cuando cometemos un error, él lo utiliza para aumentar la belleza del diseño.

Eso es lo que hace el Señor con nuestros errores. Es el más grande de los artistas, y tenemos que entregarnos totalmente a él. Entrégale tus errores al Señor. Él podrá utilizarlos para que el diseño de tu vida sea más bello.

> La fe entró cantando a mi cuarto,
> y otros huéspedes huyeron.
> La pena, la ansiedad y el temor,
> se perdieron en la noche.
> Yo no entendía mi súbita paz,
> pero la fe me dijo:
> ¿No ves que esos seres no pueden vivir conmigo?
>
> Elizabeth Cheney

> Tu fe te ha salvado.
>
> Mateo 9:22

¡Señor, nos deprimimos tanto cuando cometemos errores! Es maravilloso saber que nuestras equivocaciones pueden serte de utilidad, pues eres nuestro Maestro y gran Artista.

En la quietud, el alfarero trabaja Octubre 16

Un casamiento no termina con la ceremonia nupcial. El crecimiento en la vida cristiana no termina con nuestra entrega inicial a Cristo. El Señor es el alfarero. Nosotros somos el barro en sus manos.

> He aquí que como el barro en manos del alfarero, así sois vosotros en mi mano, oh casa de Israel.
>
> JEREMÍAS 18:6

Haz lo que quieras de mí, Señor,
Tú el alfarero, yo el barro soy.
Dócil y humilde, anhelo ser,
cúmplase siempre en mí tu querer.

ADELAIDE A. POLLARD

Él preparó el camino Octubre 17

Si te entregas totalmente a Cristo, nada puedes retener. ¡No se aceptan excepciones!

Yo dije: «Quiero andar por los campos».
Me dijo: «No, anda por la ciudad».
Yo dije: «Pero, allí no hay flores».
Me respondió: «Flores no, pero una corona sí».

GEORGE MACDONALD

> Porque donde esté vuestro tesoro, allí estará también vuestro corazón.
>
> MATEO 6:21

Señor Jesús, perdona mis «excepciones». Me rindo nuevamente, y de un modo total. Tal vez mi mente y mi cuerpo digan que no puedo, pero con la ayuda del Espíritu Santo, sí podré.

No busques venganza, háblale a Dios. Octubre 18

Si estás enojado, no mimes tu orgullo. Hacerlo es pecado. No permitas que se ponga el sol mientras sigues enojado. Vence este problema con rapidez, pues cuando estás enojado, le das una poderosa oportunidad de actuar al diablo. Es una bendición muy grande la de poder llevar nuestro enojo al Señor inmediatamente. Él puede y quiere llenar nuestros corazones con su amor.

> «Si se enojan, no pequen.» No dejen que el sol se ponga estando aún enojados.
>
> EFESIOS 4:26 (NVI)

Señor, te doy gracias porque el pecado ya no tiene dominio sobre nosotros, por tu victoria en la cruz y tu resurrección.

Evita los desvíos Octubre 19

No existe neutralidad alguna en el frente de batalla entre la luz y las tinieblas. Debes andar únicamente en la luz. Cuando un cristiano evita el compañerismo de otros cristianos, el diablo sonríe. Cuando deja de leer su Biblia, el diablo ríe. Cuando deja de orar, el diablo grita de alegría.

> Si solo permites que Dios te guíe, y esperas en él en todos tus caminos, te dará fuerzas, pase lo que pase, y te sostendrá en los días malos. Quien confía en su amor inmutable está sobre la Roca inconmovible.
>
> GEORGE NEUMARK

> Es necesario obedecer a Dios antes que a los hombres.
>
> HECHOS 5:29

Perdóname, Señor, que yo haya tratado de ser neutral. Haz lo que quieras, Señor, de mí. Domina completamente todo mi ser.

Mata de hambre a la duda Octubre 20

Algunos confían en el Señor en cuanto a su salvación eterna, pero no en cuanto a las cargas y cuidados de todos los días. Alimenta tu fe. Si lo haces, tus dudas morirán de hambre.

> Tu gracia en mi alma pon, y guarde el corazón tu sumo amor.
> Tu sangre carmesí diste en la cruz por mí, que viva para ti, oh Salvador.
>
> Ray Palmer

> Pedid, y se os dará.
>
> Mateo 7:7

Padre, ahuyenta la duda de nuestros pensamientos. Edifica nuestra fe, hasta que podamos seguirte sin temores ni preocupaciones.

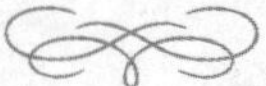

No busques ganarte el cielo Octubre 21

En el momento mismo en que procuramos agradar a Dios por nuestras obras, nos colocamos bajo la ley, una esfera en la cual la gracia no opera. La gracia implica que Dios hace algo por nosotros. La ley implica que nosotros hacemos algo por Dios. El estar liberados de la ley no significa que estamos libres de cumplir la voluntad de Dios, sino que otro, el Señor mismo, obra en nosotros y por medio de nosotros.

> El pecado no se enseñoreará de vosotros; pues no estáis bajo la ley, sino bajo la gracia.
>
> Romanos 6:14

Señor, aumenta mi capacidad para recibir tu gracia. Estoy dispuesto a humillarme.

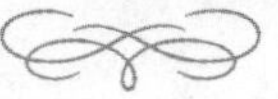

¿Separarás los huevos revueltos? Octubre 22

Echa tu carga sobre el Señor. No trates de resolver con tu mente los problemas del mundo. Los huevos revueltos, revueltos están, y no los podrás cambiar.

> Preferiría que estuvieran libres de preocupaciones.
>
> 1 Corintios 7:32 (NVI)

El mundo es asunto tuyo, Padre. Gracias por estar dispuesto a utilizarme a mí para tus fines.

Al diablo le encanta el vacío Octubre 23

La rebelión contra el Espíritu Santo crea un vacío que al diablo le agrada llenar.

> Escuchad mi voz, y seré a vosotros por Dios, y vosotros me seréis por pueblo; y andad en todo camino que os mande, para que os vaya bien.
>
> Jeremías 7:23

Haz que sea feliz en el trabajo al que he sido llamado, Padre.

Dios te dará más capacidad Octubre 24

Los recursos de Dios no están limitados por nuestra capacidad natural. No podemos emplear la excusa de que no somos capaces. Recuerda la parábola de los talentos.

> El que permanece en mí, y yo en él, éste lleva mucho fruto; porque separados de mí nada podéis hacer.
>
> Juan 15:5

Gracias, Señor, por el poder ilimitado con que obras en aquellos que creemos.

Prepárate, y vigila — Octubre 25

El enemigo tratará de separarnos de Dios, destruir nuestra fe y convertirnos en rebeldes.

> Practiquen el dominio propio y manténganse alerta. Su enemigo el diablo ronda como león rugiente, buscando a quién devorar. Resístanlo, manteniéndose firmes en la fe, sabiendo que sus hermanos en todo el mundo están soportando la misma clase de sufrimientos.
>
> 1 PEDRO 5:8-9 (NVI)

Estamos dispuestos a sufrir por ti, Señor, aumenta nuestra fe, para que Satanás sea vencido en sus tentativas de separarnos de ti.

Cuídate de los encantadores — Octubre 26

Debemos cuidarnos de los pecados ocultos. Aunque digas que no crees en los adivinos y que los consultas simplemente para divertirte, estás embarcado en un juego peligroso que ha de interponerse entre tu persona y el Señor.

> No sea hallado en ti quien haga pasar a su hijo o su hija por el fuego, ni quien practique adivinación, ni agorero, ni sortílego, ni hechicero, ni encantador, ni adivino, ni mago, ni quien consulte a los muertos, porque es abominación para Jehová cualquiera que hace estas cosas.
>
> DEUTERONOMIO 18:10-12

Gracias, Señor Jesús, porque si hemos cometido estas abominaciones y confesamos nuestros pecados, tú eres fiel y justo para perdonarnos y librarnos totalmente. Tú limpiarás con tu sangre nuestros cuerpos, almas y mentes. ¡Aleluya!

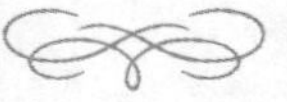

Mira con los ojos de Dios — Octubre 27

Solo en la tierra existen quienes no creen en Dios. Aunque los poderes del mal extravían a los hombres y procuran mantenerlos en las tinieblas y en la incredulidad, ellos mismos creen en Dios y tiemblan, porque saben que en el día del Señor les aguarda el juicio.

> Y el diablo ... fue lanzado en el lago de fuego y azufre, donde estaban la bestia y el falso profeta.
>
> APOCALIPSIS 20:10

Señor, ayúdanos a recordar nuestro triunfo final contigo cada vez que nos atormente el maligno.

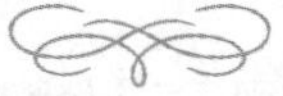

La verdad tras las estrellas — Octubre 28

La adivinación es decir la suerte. El agorero es un mago. El hechicero es un brujo. El encantador es un hipnotizador. Los que consultan a los muertos son médiums.

Para que Dios te guíe, tienes que romper totalmente con todos los demás guías. La dirección de Dios es algo que debemos pedir y desear. Dios quiere que te sometas a él, y ha de guiarte constantemente.

> Pero cuando venga el Espíritu de verdad, él os guiará a toda verdad.
>
> JUAN 16:13

Manténnos fieles en medio de las tentaciones, Señor. Muéstranos la verdad.

Usa la experiencia del día Octubre 29

Para nuestro entrenamiento como soldados del ejército de Dios, no tenemos que ir a ningún lugar especial. Nos entrenamos en el sitio en que estamos, utilizando todas nuestras experiencias diarias y nuestros contactos con la gente. El entrenamiento en el campo de batalla es más duro que el que se realiza en el cuartel, pero produce mejores soldados.

> Invencibles son los que con afán cada día dan al deber; gloria y luz tendrán, y recibirán grande galardón del Redentor.

> Por lo demás, hermanos míos, fortaleceos en el Señor y en el poder de su fuerza.
>
> EFESIOS 6:10

Señor, me enrolo en tu ejército. Haz que esté dispuesto a hacer tu voluntad.

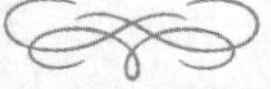

Por algo se llama «negro y profundo» Octubre 30

El Señor me enseñó por medio de mis experiencias en la cárcel que para un hijo de Dios un pozo puede ser muy profundo, pero siempre es mucho más profundo el amor de nuestro Señor.

> ¡Dichosos si sufren por causa de la justicia! «No teman lo que ellos temen, ni se dejen asustar».
>
> 1 PEDRO 3:14 (NVI)

Gracias, Señor, que por profunda que pueda ser nuestra aflicción, tu consuelo siempre es suficiente para nuestras necesidades. Tú has prometido estar con nosotros hasta el fin del mundo.

Sobre la roca de la eternidad

Octubre 31

El mundo se va tornando cada vez más inhabitable, pero tenemos esperanzas para su futuro por las promesas de Dios. Las crisis siempre nos exigen cualidades espirituales. Ninguno de nosotros puede negarse a enfrentar las tormentas.

El árbol que está en la montaña recibe todo lo que le trae el tiempo. Si tuviese algo que elegir, simplemente trataría de meter sus raíces con la mayor profundidad posible, y luego prepararse para soportar la tormenta. La defensa es algo profundo e invisible.

> Nuestro valor es nada aquí,
> con él todo es perdido.
> Mas por nosotros pugnará de Dios el escogido.
> ¿Sabéis quién es?
> Jesús el que venció en la cruz,
> Señor de Sabaot,
> y pues él solo es Dios,
> él triunfa en la batalla.
>
> Martín Lutero

> Por tanto, tomad toda la armadura de Dios, para que podáis resistir en el día malo, y habiendo acabado todo, estar firmes.
>
> Efesios 6:13

Nuestras raíces están en ti, Señor. Ellas se mantienen firmes en cualquier tormenta que desgarre nuestros cuerpos, almas y espíritus.

Noviembre

¿Te llegó el mensaje? Noviembre 1

Había llegado al fin de mi primera semana en los Estados Unidos, y también al fin de mis recursos. La cajera de la Asociación Cristiana Femenina me había informado que no podía seguir alojada allí otra semana, y me preguntó por la dirección a la que debía enviar mi correspondencia.

«Todavía no le puedo decir. Dios tiene una habitación para mí, pero todavía no me ha dicho en dónde».

Vi, por la expresión del rostro de la muchacha, que estaba bastante preocupada por mí. En eso me entregó una carta que se le había traspapelado. Era de una señora que me había escuchado en Nueva York. En la carta ella me ofrecía el uso del cuarto de un hijo suyo.

Después de agradecerle a Dios por su cuidado, le di mi dirección nueva a la empleada, que no salía de su asombro.

> Mi Dios suplirá todo lo que os falta.
>
> FILIPENSES 4:19

Gracias, Señor, porque podemos saber que nuestra necesidad nunca es más grande que nuestro Ayudador.

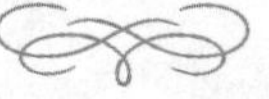

No busques en las estrellas Noviembre 2

Para obtener la dirección de Dios, debes cortar completamente con toda otra forma de guía u orientación. No mires a las estrellas, ni la palma de tu mano, ni escuches a un adivino. Estas cosas son abominables a Dios.

Dios conoce el futuro. Dios planea el futuro. Dios nos cuenta el futuro en su Palabra.

> Perfecto serás delante de Jehová tu Dios.
>
> DEUTERONOMIO 18:13

Señor Jesús, perdóname que haya mirado en una dirección errada. Enséñame tu camino.

Mira cómo desciende el Espíritu — Noviembre 3

Jesús fue obediente a su Padre. Lee de nuevo la historia. Cuando tenía doce años, obedeció a sus padres terrenales, sabiendo al mismo tiempo que debía estar ocupado en las cosas de su Padre celestial. Cuando Juan el Bautista procuró impedir que fuese bautizado, dijo que quería pasar por el bautistmo en señal de obediencia. ¡Cuán glorioso fue el momento en que el Espíritu Santo descendió sobre él y el Padre dijo: «Este es mi Hijo amado, en el cual tengo complacencia»!

> El obedecer es mejor que los sacrificios.
>
> 1 SAMUEL 15:22

Espíritu Santo, hazme saber si en mi vida existe la desobediencia. Quiero hacer lo que tú quieres.

Comunión en humildad — Noviembre 4

Cuando Holanda se rindió frente a Alemania, mi padre y yo salimos a caminar por las calles. Nos sentíamos unidos a todos los que nos rodeaban. Entrábamos juntos en el gran sufrimiento, humillación y derrota de nuestra patria. Todo el mundo hablaba con todo el mundo. Nunca antes, ni después, vi tal unidad en la nación. Fue una bendición muy grande.

Así seremos en el milenio, pero nuestra unión no será en la miseria, sino en nuestra comunicación con el Señor.

> He aquí el tabernáculo de Dios con los hombres, y él morará con ellos; y ellos serán su pueblo, y Dios mismo estará con ellos como su Dios.
>
> APOCALIPSIS 21:3

Señor Jesús, cuando nos sentimos muy cerca de nuestros prójimos, ese calor y esa comunicación son apenas un anticipo de lo que nos espera. ¡Qué bendición! ¡Aleluya!

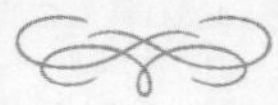

Vencedores con Cristo

Noviembre 5

Las dificultades existen a fin de que podamos vencerlas. Debido a que Jesús hizo que pudiésemos compartir su yugo, podemos ser vencedores.

«En tus manos están mis tiempos».
Jesús crucificado.
Las manos horadadas
por mis muchos pecados,
hoy me cuidan y guían.
«En tus manos están mis tiempos».
Siempre confiaré en ti,
hasta que abandone
esta tierra de fatigas
y contemple tu gloria.

William F. Lloyd

> Al que venciere, yo lo haré columna en el templo de mi Dios.
>
> Apocalipsis 3:12

Señor Jesús, te doy gracias porque por medio de tu poder podemos ser vencedores. Confiaremos nuestros tiempos a ti, Señor, seguros de tu dirección y sostén en todo el camino.

La viña de Jesús

Noviembre 6

Es enteramente posible que tú y yo estemos listos para la venida de Jesús. El yo rendido a Cristo es dinámico, pues es el pámpano que está unido a la Vid Viviente.

> Yo soy la vid, vosotros los pámpanos.
>
> Juan 15:5

Nuestra esperanza está en la Vid Viviente, por la cual corre libremente la savia de tu amor, Padre.

El reloj del cielo — Noviembre 7

Sincroniza tu reloj con el reloj del cielo. Eso lo puedes hacer si junto con la Biblia, lees el diario. Entonces sabrás que vivimos en la época en que podemos esperar muy pronto el regreso de Cristo a la tierra.

Escucha cuidadosamente lo que Dios está dispuesto a enseñarte. El Espíritu Santo puede hacer que tu oración, y tu conversación con él, sean un hablar y un escuchar llenos de gozo.

Lee libros importantes, que puedan fortalecer tu fe.

> El que comenzó en vosotros la buena obra, la perfeccionará hasta el día de Jesucristo.
>
> Filipenses 1:6

Señor Jesús, tú esperas con ansias el gran día de tu regreso. Yo también. Haz que esté listo, Señor. Me rindo a ti con gozo.

Él sabe tu nombre — Noviembre 8

Luego de leer Efesios 3:14-19, si sumas el largo, el ancho, la altura y la profundidad del amor de Dios, la suma no podrá ser multiplicada lo suficiente para expresar ese amor por mí que soy la más insignificante de sus criaturas. Dios te ve y me ve en medio de millones de personas. Conoce tu nombre y está cerca de ti. No ruegues: «Ven más cerca». Un pez no le pide al agua que se le acerque. Un pájaro no ruega al aire que se le arrime. Están lo más cerca posible. Y, de esta manera, Dios está cerca de ti.

> He aquí yo estoy con vosotros todos los días, hasta el fin del mundo.
>
> Mateo 28:20

¡Cuán seguro estoy bajo tu terapia intensiva! Gracias, Señor.

Hoy y ahora

Noviembre 9

¿Sabes que estamos viviendo en los últimos tiempos y que ellos son los días primeros de un futuro hermoso? ¿Qué estás haciendo para ganar almas? ¿Qué estás haciendo para preparar a la gente frente a la próxima venida de Jesús? Llevar el evangelio por toda la tierra es una parte fundamental de la vida del cristiano.

> Negociad entre tanto que vengo.
>
> LUCAS 19:13

Muéstrame tu programa para el día de hoy, Señor. Dame la dirección y el poder que haganlo que sea importante a tus ojos.

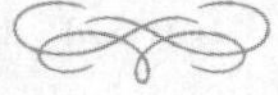

Un capitán con cicatrices

Noviembre 10

La manera de probar cómo anda nuestra fe en el día de hoy es considerar nuestra preparación o entrenamiento para la gran batalla final. ¿Has obtenido la victoria hoy? Entonces eres más fuerte que ayer. Un atleta no se queja cuando el entrenamiento es duro. Piensa en el futuro y en el campeonato.

> Seguimos a un capitán con cicatrices, ¿y no las tendremos nosotros? Tras su potente bandera vamos a la batalla. Por si nos olvidamos, Señor, cuando nos encontremos, muéstranos tus manos y tus pies.
>
> AMY CARMICHAEL

> Sabiendo que la prueba de vuestra fe produce paciencia.
>
> SANTIAGO 1:3

Señor, tú eres la fuente de nuestro poder. No nos quejaremos si el entrenamiento es difícil, pues también lo será la batalla venidera.

Espera con Jesús

Noviembre 11

«Porque sabemos que toda la creación gime a una, y a una está con dolores de parto hasta ahora» (Romanos 8:22).

> Los millones inquietos esperan
> que venga el Señor para hacerlo todo nuevo.
> Cristo también espera,
> pero sus hombres son pocos y lentos.
> ¿Hemos hecho todo lo posible,
> tú y yo?

Gracias, Señor, porque sabemos por la Biblia que las crisis que sufrimos en esta época son aquellos sufrimientos de que nos hablabas cuando dijiste que debemos mirar arriba, porque se acerca nuestra liberación. (Ver Lucas 21.)

Él te cubre

Noviembre 12

«Paz en la tierra». Esa declaración de los ángeles resultará perfecta cuando Jesús vuelva para hacer nuevas todas las cosas. Toda la tierra será llena del conocimiento de Dios, como las aguas cubren el fondo del mar.

> En aquellos días, el mundo será gobernado desde Jerusalén. El Señor arreglará las disputas internacionales, y todas las naciones convertirán sus armas de guerra en instrumentos de paz.
>
> Isaías 2:3-4 (paráfrasis libre)

Señor, te doy gracias porque estás preparando al mundo para su gran futuro. Te ruego que me prepares también a mí.

Salta con Jesús

Noviembre 13

Una vez le pregunté a un paracaidista cómo se sentía cuando saltó por primera vez de un avión. Me respondió: «Tuve un solo pensamiento: ¡El sistema funciona! ¡Funciona!».

¿Qué significa andar por la vida con Jesús? Puedo contestar por mi experiencia: «¡Funciona! ¡Funciona!».

> En todas estas cosas somos más que vencedores por medio de aquel que nos amó.
>
> ROMANOS 8:37

Qué alegría, Señor, poder decirles a nuestros semejantes que la vida cristiana funciona. ¡Aleluya!

Como una oveja

Noviembre 14

Cuando yo era «una vagabunda del Señor», estuve cierta vez preocupada acerca de mi trabajo. «¿Dónde ir? ¿Tendría alojamiento? ¿Habría quienes se ocuparan de la organización de las reuniones? ¿Tendría que ir a Rusia, ese país tan difícil?» Abrí la Biblia y leí el Salmo 23. El gozo inundó mi corazón. Como oveja del Buen Pastor, nada tuve que temer.

> El Señor es mi pastor, nada me falta;
> en verdes pastos me hace descansar.
> Junto a tranquilas aguas me conduce;
>
> SALMO 23:1-2 (NVI)

Señor, llena nuestros corazones, nuestra conciencia y nuestra subconciencia de tu paz y tu amor. Por tanto, no temeremos, aunque la tierra sea removida y se traspasen los montes al corazón del mar (Salmo 46:2). ¡Aleluya!

Tras las rejas

Noviembre 15

El sufrimiento de los presos es muy profundo. No tienen libertad. La disciplina que soportan está con frecuencia en manos de carceleros crueles. Están en contacto con gente perversa de día y de noche, y esta gente mala con frecuencia los lleva a pecar. A veces padecen mucho por el al sufrimiento que han causado a sus familias debido a sus delitos.

> Estuve ... en la cárcel, y vinisteis a mí.
>
> MATEO 25:36

Señor, enséñame qué puedo hacer por los presos. Estoy dispuesta a ser usada.

No es resignación, es resolución

Noviembre 16

«Hágase tu voluntad» no es una expresión resignada, sino resuelta. No es pasiva, sino activa. El secreto de la obediencia de Jesús era que amaba a Dios. Un niño que ama a sus padres quiere obedecerles, porque sabe que al hacerlo les causa alegría.

> Ustedes deben orar así:
> «Padre nuestro que estás en el cielo,
> santificado sea tu nombre,
> venga tu reino,
> hágase tu voluntad
> en la tierra como en el cielo».
>
> MATEO 6:9-10 (NVI)

Señor, te entrego mi voluntad. Cuando me resulte difícil, ruego que me hagas sentir dispuesta a estar dispuesta, a hacer lo que tú dispongas.

Él oye desde el cielo

Noviembre 17

No hay nada como la humildad para alejar a una persona del alcance del diablo.

> Si se humillare mi pueblo, sobre el cual mi nombre es invocado, y oraren, y buscaren mi rostro, y se convirtieren de sus malos caminos; entonces yo oiré desde los cielos, y perdonaré sus pecados y sanaré su tierra.
>
> 2 Crónicas 7:14

Señor, quiero humillarme. Ayúdame.

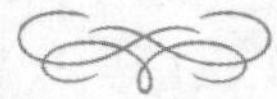

Tómalo en serio

Noviembre 18

Cuando Dios te habla, siempre tienes que responderle. La respuesta es *sí* o *no*. No responder equivale a decir que no.

¿Estás listo para Jesucristo, o para el anticristo?

Ya es hora de pensar seriamente. Dale tu respuesta ahora mismo. Y después que lo hayas hecho, pregúntale al Señor: «¿Qué significa para mí que te haya contestado *sí o no*?.

> ¿Cómo en su sangre pudo haber tanta ventura
> para mí, si yo sus penas agravé
> y de su muerte causa fui?
> ¿Hay maravilla cual su amor?
> ¡Morir por mí con tal dolor!
> ¡Hondo misterio,
> el Inmortal hacerse hombre y sucumbir!
>
> Charles Wesley

> A ti clamo, oh Dios, porque tú me respondes;
> inclina a mí tu oído, y escucha mi oración.
>
> Salmo 17:6 (NVI)

Gracias, Señor, porque me dijiste sí, y porque ahora mi respuesta sí es posible.

¡Oh! ¡Tantas posibilidades! Noviembre 19

Lo único que limita los bienes que podemos recibir de Dios es nuestra capacidad de recibir. Esta nos la da el Espíritu Santo una vez que nos hemos rendido totalmente a Cristo. Como dice el himno al hablar del Calvario:

> Mi alma allí divina gracia halló, Dios allí perdón y paz me dio; del pecado allí me libertó el Salvador.
>
> William R. Newell

> Y el Dios de esperanza os llene de todo gozo y paz en el creer.
>
> Romanos 15:13

Gracias, Señor, por tu océano de amor.

Ya no rechaces el remedio Noviembre 20

¿Cuándo son cubiertos nuestros pecados por el sacrificio de Cristo? Cuando los confesamos. «Si confesamos nuestros pecados, él es fiel y justo para perdonar nuestros pecados, y limpiarnos de toda maldad» (1 Juan 1:9).

Pero allí no termina esta gran verdad. Nuestros pecados fueron cubiertos cuando Jesucristo murió en la cruz hace más de mil novecientos años.

> El que en él [Cristo] cree, no es condenado; pero el que no cree, ya ha sido condenado, porque no ha creído en el nombre del unigénito Hijo de Dios.
>
> Juan 3:18

El problema no está en que pecamos, sino en que rechazamos el remedio. ¡Sí, Señor Jesús! No voy a rechazar tu remedio. Confieso mi pecado, y acepto tu respuesta.

Los dones más pequeños Noviembre 21

El Señor puede hacer más con tres monedas de un cuarto de dólar, bendecidas, que con trescientos dólares.

> ¿Cuál es mayor, la ofrenda o el altar que santifica la ofrenda?
>
> MATEO 23:19

Oh, Señor, enséñanos a mirar todas las cosas teniendo en cuenta tu escala de valores, de modo que podamos ver el valor de la ofrenda más pequeña, o el peligro de la más grande.

La maldición hoy, bendición de mañana Noviembre 22

Las condiciones de vida en nuestra barraca, en el campo de concentración de Ravensbruck, eran terribles. Cuando llegamos, le dije a mi hermana Betsie que no podría soportar los piojos que vivían en nuestras inmundas mantas y en los colchones. Me contestó: «Debes dar gracias a Dios por todo; hasta por los piojos». Betsie tenía razón. Debido a los insectos que abundaban en nuestra barraca, las mujeres carceleras y los oficiales se mantenían a la distancia, y podíamos efectuar nuestras reuniones de estudio bíblico sin ningún temor. ¡Dios tenía su misión que cumplir hasta por medio de esos insectos asquerosos! A veces, lo que un día nos parece una maldición, se torna en bendición al día siguiente. Cuánto más fácil sería si aprendiésemos a dar gracias a Dios por todo, en lugar de emplear nuestro propio discernimiento.

> Dando siempre gracias por todo, al Dios y Padre, en el nombre de nuestro Señor Jesucristo.
>
> EFESIOS 5:20

Señor, solo un milagro de tu Espíritu Santo puede lograr que te dé gracias por mi problema de hoy. Gracias, por estar dispuesto a hacer que yo esté dispuesto a darte gracias.

Cómo se ve desde arriba Noviembre 23

Sigue con la mirada arriba y las rodillas abajo. Luego podrás mirar hacia abajo, desde la posición de la victoria de Jesús, a tus problemas. Él está dispuesto a hacer de ti más que un vencedor.

> Si miras en torno, estarás afligido. Si miras adentro, estarás deprimido. Mira a Jesús, y estarás descansado.

> En todas estas cosas somos más que vencedores por medio de aquel que nos amó.
>
> ROMANOS 8:37

Te doy gracias, Señor Jesús, porque podemos mirarte a través de la fe, y porque tú eres el autor y consumador de nuestra fe. ¡Aleluya!

Jesús anda con los pecadores Noviembre 24

¿Alguna vez has creido que no eres lo suficientemente bueno para acudir al Señor en busca de salvación? Jesús nos dijo que no había venido a llamar a los justos, sino a pecadores al arrepentimiento (Lucas 5:32). Lo que estás pensando, condenándote a ti mismo, es precisamente lo que te da el derecho de allegarte a Cristo y estar seguro de que te recibirá. Cristo es el amigo de los publicanos y los pecadores. Vino a morir por esa clase de gente.

> [Jesucristo] se dio a sí mismo por nosotros para redimirnos de toda iniquidad, y purificar para sí un pueblo propio, celoso de buenas obras.
>
> TITO 2:14

Señor Jesús, te doy gracias porque puedo llegarme a ti tal como soy.

Aliados de Dios

Noviembre 25

¿En qué situación está el enemigo? La estrategia de un ejército vencido es distinta. Cuando el pueblo de Dios avance, el enemigo se desmoronará. Una iglesia es un ariete que golpea y rompe las puertas del infierno. La Palabra de Dios es nuestra arma.

> Pues aunque andamos en la carne, no militamos según la carne; porque las armas de nuestra milicia no son carnales, sino poderosas en Dios para la destrucción de fortalezas.
>
> 2 Corintios 10:3-4

Espíritu Santo, danos una visión clara de la situación de nuestro enemigo, de nuestro ejército y de nosotros mismos. Pero sobre todo, de nuestro Rey de reyes.

Dios escribe derecho en renglones torcidos

Noviembre 26

Algunas personas oran y cantan más o menos así: «Que tu congregación no pase por la tribulación». Pero el Señor Jesús dijo que en el mundo tendríamos tribulación.

> Bienaventurados los que padecen persecución por causa de la justicia, porque de ellos es el reino de los cielos... gózaos y alegraos, porque vuestro galardón es grande en los cielos.
>
> Mateo 5:10, 12

Gracias, Señor Jesús, porque tú has vencido al mundo. Contigo somos vencedores hasta en las tribulaciones, problemas y pruebas. Podemos ver nuestros problemas y pruebas como parte de tu diseño para nuestras vidas.

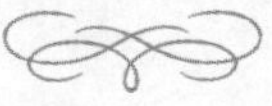

Cumplimos su visión — Noviembre 27

Una respuesta correcta al Señor, en agradecimiento por nuestra salvación, es que proclamemos el evangelio en todo el mundo.

> Me seréis testigos en Jerusalén, en toda Judea, en Samaria, y hasta lo último de la tierra.
>
> HECHOS 1:8

Padre, todo lo que pides es que te obedezcamos y hagamos tu obra. Tú nos equipas dándonos, no un espíritu de cobardía, sino de poder, de amor y de dominio propio.

Nos hace enteramente suyos — Noviembre 28

> Ninguno de nosotros puede conformarse con menos que el control total del Espíritu Santo en su vida. Que Dios haga en ti su obra. Si no lo permites, esa parte no consagrada de tu ser, ese hábito pecaminoso en tu vida, será un punto de apoyo para el diablo que arruinará tu testimonio. Al ver la forma insidiosa en que Satanás está trabajando en las iglesias en estos últimos tiempos, acerquémonos a Dios, diciéndole que queremos ser completamente suyos, dedicados a él, guiados por él, llenados de su Espíritu, enseñados por él, de modo que podamos ser guardados del pecado y, al mismo tiempo, estar preparados para la gloriosa experiencia de ver a Jesús cara a cara.
>
> EL HERMANO LANGSTON

> Y el mismo Dios de paz os santifique por completo; y todo vuestro ser, espíritu, alma y cuerpo, sea guardado irreprensible para la venida de nuestro Señor Jesucristo.
>
> 1 TESALONICENSES 5:23

Señor Jesús, te doy gracias porque moriste por nosotros y vives para que podamos vivir para ti.

Conectados con Dios

Noviembre 29

Mi padre oraba porque tenía un buen Amigo con el que podía compartir los problemas del día. Oraba porque tenía una comunicación directa con su Hacedor cada vez que surgía un problema. Oraba porque tenía muchísimo que agradecer.

> Gozosos en la esperanza, sufridos en la tribulación, constantes en la oración.
>
> ROMANOS 12:12

Nuestras vidas, Señor, están repletas de razones para orar. Padre, sabemos que deseas que te contemos todo, porque nos amas profundamente. Gracias, Señor, por tu continuo cuidado.

Acabado está. Firmado: Jesús

Noviembre 30

Todos hemos pecado y estamos destituidos de la gloria de Dios. Nadie puede decir: «Yo soy bueno.» La base de la confianza es la obra consumada por Jesús. No lo que he hecho yo, sino lo que ha hecho él.

> Consumado es.
>
> JUAN 19:30

Señor Jesús, te doy gracias por la rica herencia que nos has dado.

Diciembre

Paz en la tierra... ¡y en casa! Diciembre 1

El mes de diciembre es el mes de la Navidad. ¿Significa ello que estarás sumamente ocupado, dedicando todo tu tiempo libre a la elección de regalos? El Señor Jesús no vino para que tú estuvieses demasiado ocupado. Los ángeles hablaron de paz en la tierra. Reclama para ti la promesa de Santiago 1:5 a fin de que tengas la sabiduría necesaria para organizar tu tiempo y ver qué clase de regalos de Navidad vas a dar. Es posible que el Señor te indique que regales libros cristianos. Un buen libro, regalado para la Navidad, seguirá siendo de bendición mucho tiempo después del 25 de diciembre.

> Y si alguno de vosotros tiene falta de sabiduría, pídala a Dios, el cual da a todos abundantemente, y sin reproche, y le será dada.
>
> SANTIAGO 1:5

Señor Jesús, para este mes de la Navidad pido el fruto del Espíritu que se llama paz.

Como en casa Diciembre 2

Un hombre cruzaba con su hijito un puente largo y angosto que estaba tendido sobre un ancho río. El chico dijo:

—Papá, tengo miedo. ¿Ves cuánta agua hay allí abajo?

—Dame la mano, hijo —le dijo el padre.

En el momento en que el niño sintió la mano del padre, desapareció el miedo. A la noche, tuvieron que volver a cruzar el puente, y todo estaba muy oscuro.

—Ahora tengo más miedo que esta mañana —dijo el niño.

El padre lo levantó en sus brazos e inmediatamente se quedó dormido para despertarse al día siguiente en su camita. Así es la muerte para el cristiano. Se duerme y se despierta en su Casa.

¿A qué puedo tenerle miedo? Sentiré la alegría de que el Espíritu me haya liberado, y pasaré del dolor a la paz perfecta. Habrán cesado los esfuerzos y luchas de esta vida. ¿Miedo a qué? ¿A qué puedo tenerle miedo? ¿Miedo de ver el rostro del Salvador, escuchar su bienvenida, y contemplar el brillo glorioso de las heridas de la gracia? ¿Miedo a qué?

> ¿Dónde está, oh muerte, tu aguijón? ¿Dónde, oh sepulcro, tu victoria?
>
> 1 Corintios 15:55 (NVI)

Señor Jesús, te doy gracias porque has vencido a la muerte. ¡Qué consuelo estar seguros en tus brazos! Gracias, porque siempre estás presente para tomar en tus manos fuertes nuestras manos temblorosas.

¿Estás mirando las olas? Diciembre 3

Dios nunca inspira la duda y el temor, sino la fe y la valentía. Pedro produjo sus propias dudas cuando miró las olas.

> Busqué a Jehová, y él me oyó, y me libró de todos mis temores.
>
> Salmo 34:4

Señor, nuestros temores son el resultado de no confiar totalmente en ti. Haznos ver la necedad de temer. Dirige nuestra vida en el sentido correcto, hacia ti, Señor, y no hacia las olas.

Hacia ese horizonte brillante Diciembre 4

La vida es inmortal; el amor es eterno. La muerte es apenas un horizonte, y un horizonte es apenas el límite de nuestra visión.

> El que guarda mi palabra, nunca verá muerte.
>
> Juan 8:51

Gracias, Señor, que poseemos la vida eterna aquí y ahora. Ello nos permite tener una visión del presente y del futuro, de la tierra y el cielo.

Deja ya los «si...» Diciembre 5

Necesitas a Jesús. Los «si» pueden llegar a ser una barrera que nos separa de él. «*Si* mi esposo me diera más de su tiempo y me mostrara más amor...»

«*Si* mis hijos adolescentes me mostraran más obediencia...»

«*Si* yo tuviese un poco más de dinero...»

«Sí mi papá me comprendiera mejor...»

Abandona esos «si». Están obstaculizando tu camino. Cuando te entregas al Señor le pertences a él. ¡Con *si* y todo!

> En cambio, el fruto del Espíritu es amor, alegría, paz, paciencia, amabilidad, bondad, fidelidad, humildad y dominio propio. No hay ley que condene estas cosas.
>
> GÁLATAS 5:22-23 (NVI)

Señor, enséñanos a elevarnos por encima de nuestros problemas minúsculos para que podamos emplear todos nuestros talentos en la tarea de resolver los problemas mayores del mundo.

Dios lo ha probado Diciembre 6

Puesto que la victoria es el resultado de la vida de Cristo vivida en la del creyente, resulta importante recordar que el gran propósito de Dios para sus hijos es la victoria y no la derrota.

> ¿Quién nos separará del amor de Cristo? ¿Tribulación, o angustia, o persecución, o hambre, o desnudez, o peligro, o espada? ... Antes, en todas estas cosas somos más que vencedores por medio de aquel que nos amó.
>
> ROMANOS 8:35, 37

Gracias, Señor, por la seguridad de la victoria final debido a tu sacrificio en la cruz, tu resurrección y tu glorificación en el cielo, en donde intercedes por nosotros.

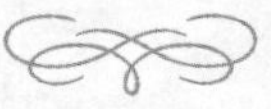

Toma mi vida, pero mejor envía a otro — Diciembre 7

Si Dios te ha llamado, no pierdas el tiempo mirando hacia atrás para ver si alguien te sigue. A veces pienso que algunos jóvenes que oyeron el llamado de Cristo de entregar sus vidas y dirigirse al campo misionero le dieron como respuesta: «Señor, toma mi vida, pero envía a mi hermana».

> Jesús se acercó entonces a ellos y les dijo:
>
> —Se me ha dado toda autoridad en el cielo y en la tierra. Por tanto, vayan y hagan discípulos de todas las naciones, bautizándolos en el nombre del Padre y del Hijo y del Espíritu Santo,
>
> MATEO 28:18-19

> Do tú necesitas que vaya,
> iré, a los valles, los montes o el mar.
> Decir lo que quieras, Señor, podré,
> lo que quieras que sea, seré.
>
> MARY BROWN

Tu habitación te espera — Diciembre 8

Todo el mundo necesita algún lugar en donde pueda estar. Una de las grandes alegrías del cielo es que se trata de un lugar, un lugar preparado. Doy gracias al Señor porque allí tendré una casa especialmente reservada para mí.

> En la casa de mi Padre, muchas moradas hay; si así no fuera, yo os lo hubiera dicho; voy, pues, a preparar lugar para vosotros.
>
> JUAN 14:2

Señor Jesús, te doy gracias por la seguridad de que tendré un hogar celestial. Un lugar de descanso, un lugar para estar, es muy importante en nuestras vidas, ahora y en el futuro.

Él completa su buena obra — Diciembre 9

En el cielo verás cómo el Señor utilizó ese testimonio, esa palabra de consuelo que diste hoy. La Palabra de Dios nunca volverá vacía.

> Cuando entres a la ciudad celestial,
> y te rodeen los salvados,
> ¡Qué alegría tendrás cuando alguien te diga:
> «Fuiste tú quien me invitó a venir»!

> El hombre será saciado de bien del fruto de su boca;
> y le será pagado según la obra de sus manos.
>
> PROVERBIOS 12:14

Señor, nos agrada ver los resultados de nuestra labor, pero ello no es necesario. Confiamos en que tú has de completar la obra que estás haciendo en nosotros y por nuestro intermedio.

Más gracia, al leer su palabra — Diciembre 10

José llenó los graneros en los días de abundancia para estar preparado cuando llegaran los de hambre (Génesis 41:29-36). Acumula las riquezas de las promesas de Dios, pues te han de fortalecer cuando lleguen los tiempos en que no habrá libertad. Nadie podrá quitarte esos textos de la Biblia que aprendiste de memoria.

> Y esté aquella provisión en depósito ... y el país no perecerá de hambre.
>
> GÉNESIS 41:36

Señor Jesús, no tememos al futuro, porque te conocemos y tú tienes el futuro en tu mano. ¡Qué alegría produce saber que tú eres el mismo ayer, hoy y siempre!

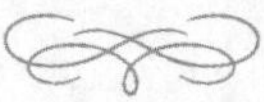

Ancla segura

Diciembre 11

Manten una guardia constante sobre tu corazón y tu mente mientras descansan en Cristo Jesús. Las preocupaciones suelen cargarte con responsabilidades que no son tuyas, sino de Dios. El afligirnos no nos ayuda a escapar del mal; más bien nos torna incapaces de luchar contra él cuando nos llega. Tal vez tú veas todas las razones para fracasar. Dios, en cambio, ve todas las razones para triunfar.

> ¿Podrá su ancla sostener en las tormentas
> de la vida,
> Cuando las nubes despliegan sus alas de
> pleitos?
> ¿Cuándo las marcas fuertes se levanten
> y los cables se trasen,
> Se mantendrá su ancla se irá a la derviva?
>
> Tenemos un ancla que mantiene al alma
> Firme y segura, mientras que las olas ruedan,
> Fijada a la roca que no puede moverse,
> Firme a tierra y profunda en el amor del Salvador.
>
> PRISCILLA OWENS

> La paz de Dios ... guardará vuestros corazones y vuestros pensamientos en Cristo Jesús.
>
> FILIPENSES 4:7

Gracias, Señor Jesús, porque teniéndote a ti por ancla, no tenemos temor.

Él ya terminó. ¿Y tú? Diciembre 12

Todo estudioso de la Biblia que cree en sus profecías sabe que la venida de Jesús está muy cerca. Lo importante, lo urgente, es que todos los hijos de Dios estén preparados para aquel día. Esto es posible todos. Jesús completó en la cruz todo lo que tenía que ser hecho por nosotros. Murió por nosotros, luego resucitó y está con el Padre, orando por nosotros. Por su Espíritu Santo, él está dentro de nosotros. Si sabes que no estás preparado, confiesa tus pecados y reclama el perdón de Dios por medio de Jesús. Además, perdona a tus prójimos mediante el poder del Espíritu Santo que mora en ti.

> Por lo cual, oh amados, estando en espera de estas cosas, procurad con diligencia ser hallados por él sin mancha e irreprensibles, en paz.
>
> 2 PEDRO 3:14

Gracias, Señor Jesús, porque estás dispuesto a prepararme para mi encuentro contigo, sea cuando fuere.

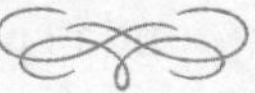

Consuelos extraordinarios Diciembre 13

Cuando Dios permite que su pueblo pase por pruebas extraordinarias, prepara un consuelo también extraordinario. Las tribulaciones son el camino espinoso pero bendito que lleva a la victoria.

> Porque él dijo: No te desampararé, ni te dejaré.
>
> HEBREOS 13:5

Gracias, Señor, porque no tenemos nada que temer, pues tú estás con nosotros. En tu compañía, podemos soportar las pruebas y el sufrimiento.

De la mano

Diciembre 14

Cuando yo era pequeña y teníamos que ir al dentista o al médico, papá siempre nos acompañaba para consolarnos. Nunca nos dijo que no tendríamos dolor, sino que debíamos mostrarnos valientes y fuertes. Y el tener su mano nos daba coraje.

Lo mismo pasa con Dios. Él nunca nos dijo que no tendríamos dolor en nuestras vidas, pero el tomar su mano nos da coraje.

> El cual nos consuela en todas nuestras tribulaciones, para que podamos también nosotros consolar a los que están en cualquier tribulación, por medio de la consolación con que nosotros somos consolados por Dios.
>
> 2 Corintios 1:4

Dios y Padre nuestro, te damos gracias por tu mano paternal en tiempos de angustia. Necesitamos mucho de tu consuelo, y queremos compartirlo con aquellos que sufren con nosotros.

No más duda, desierto y drama

Diciembre 15

La oposición a las vidas entregadas a Jesucristo se presenta bajo muchos difraces, algunos dramáticos, otros astutos. En mi vida he experiemtnado la oposición bajo la forma de sonidos sobrenaturales, actitudes superficiales de parte de los santurrones, y desde dentro de mí misma. He tenido dudas en mi corazón, y sequedad en mi vida de oración. Yo estaba en el frente de batalla, pero por medio de Jesús, era territorio de victoria.

> Si Dios es por nosotros, ¿quién contra nosotros?
>
> Romanos 8:31

Cuando lleguemos a temer, y hasta a desesperar, ayúdanos a recordar que tú, Señor Jesús, nos has dado por adelantado la victoria y que con toda seguridad venceremos en la batalla que libramos.

Pide fe

Diciembre 16

Cuando empecé a anunciarle a la gente los peligros del pecado oculto, me invadían pensamientos que me aterrorizaban. Volvía de las reuniones completamente agotada, con el corazón latiendo de un modo irregular. Temía que, de continuar, moriría. Entonces le pedí al Señor que me librara de la carga. Él me indicó los versículos siguientes:

> No temas, sino habla y no calles; porque yo estoy contigo, y ninguno pondrá sobre ti la mano para hacerte mal.
>
> HECHOS 18:9-10

Señor Jesús, muéstranos las veces que guardamos silencio por temor. Danos la fe y la valentía para hablar cada vez que sea necesario.

Tu luz de noche personal

Diciembre 17

Cuando yo era pequeñita, con frecuencia tenía temor.

Le pedía a mi hermana Nollie que me dejara que le tomase la mano mientras dormíamos. Luego, cuando cumplí los cinco años, Jesús llegó a ser una gran realidad en mi vida. Le pedí que entrara a vivir en mi corazón. Mi temor fue reemplazado por una sensación de paz y de seguridad. Desde ese momento, pude dormir de noche sin temor de ninguna clase.

> Busqué a Jehová, y él me oyó y me libró de todos mis temores.
>
> SALMO 34:4

En lo profundo de nuestras almas, con frecuencia somos como chiquillos muertos de miedo, Señor. Nos despertamos de noche con temor, hasta que te oímos decir: «¡Calma! ¡Yo estoy contigo!».

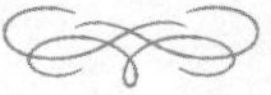

La divinidad y la razón Diciembre 18

La fe nos lleva a caminos que hacen que se tambalee nuestro razonamiento.

> En amor habiéndonos predestinado para ser adoptados hijos suyos por medio de Jesucristo, según el puro afecto de su voluntad, para alabanza de la gloria de su gracia, con la cual nos hizo aceptos en el Amado.
>
> EFESIOS 1:5-6

Oh, Señor, cuántas riquezas poseo. Perdóname por el modo en que me aflijo y preocupo. Limpíame, Señor.

Nacer de nuevo, y ser llenos Diciembre 19

Muchos cristianos creen que una vez que han nacido de nuevo, se terminó todo. Una vez hablé sobre el gran reto que nos presentan las bienaventuranzas, y cómo podemos llevar una vida victoriosa si tenemos hambre y sed de justicia. La victoria significa rendirse desde la cabeza hasta los pies, vez tras vez. Una buena señora me dijo: «Yo me rendí hace doce años cuando acepté a Jesús como mi Salvador». Pero la Biblia dice: «Sed llenos del Espíritu Santo». Un niño recién nacido tiene que crecer.

He conocido al Señor Jesús durante ochenta años. Y mientras estudiaba la Biblia para preparar estos mensajes, tuve que rendirme, ser limpiada y llenada, una vez tras otra.

> Yo he venido para que tengan vida, y para que la tengan en abundancia.
>
> JUAN 10:10

Te alabamos, Señor Jesús, porque no solo nos diste vida cuando nacimos de nuevo, sino porque tu Palabra y tu Espíritu Santo nos hacen crecer, llevándonos a la vida abundante.

Te ha pasado la antorcha

Diciembre 20

A medida que pase el tiempo, nos daremos más y más cuenta de que somos elegidos no por nuestra capacidad, sino por el poder del Señor que se demostrará en la incapacidad nuestra.

> Mas cuando os entreguen, no os preocupéis por cómo o qué hablaréis, porque en aquella hora os será dado lo que habéis de hablar.
>
> MATEO 10:19

Señor, qué gozo y qué honor que tú te dignes a usarme a mí, hasta a mí, como luz en este mundo de tinieblas.

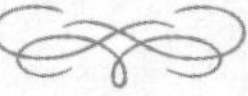

Lo mejor de lo peor

Diciembre 21

Un hermano en Cristo, que experimentó todas las catástrofes que menciona, me escribió como sigue: «Aunque el dólar pierda su valor por la inflación; aunque mi lancha fuese destruida por un huracán y mi casa rodante destrozada por un tornado; aunque caigan las bombas, y no haya ningún lugar seguro en la tierra, me gozaré en el Señor. Me alegraré en el Dios de mi salvación».

> Aunque la higuera no florezca,
> Ni en las vides haya frutos,
> Aunque falte el producto del olivo,
> Y los labrados no den mantenimiento,
> Y las ovejas sean quitadas de la majada,
> Y no haya vacas en los corrales;
> Con todo, yo me alegraré en Jehová,
> Y me gozaré en el Dios de mi salvación.
>
> HABACUC 3:17-18

Gracias, Señor, porque cuando sucede lo peor en la vida del hijo de Dios, queda lo mejor. Gracias, porque todo lo que acontece es parte de tu plan para el bien de los que te aman.

Vivir igual que Jesús — Diciembre 22

Pablo nos dijo en Colosenses 1:24 que tenía el privilegio de cumplir en su cuerpo lo que faltaba de los sufrimientos de Cristo. ¿Qué si nosotros, tú y yo, gozamos del mismo privilegio sin saberlo? Pídele al Señor que te perdone que en algún momento te hayas permitido estar cansado. Ello te dará una nueva esperanza, y un nuevo poder.

> Bien hecho, buen siervo y fiel ... entra en el gozo de tu Señor.
>
> MATEO 25:23

Señor Jesús, sé que gano la victoria cuando comparto tu yugo contigo.

Las manos vacías. El corazón lleno — Diciembre 23

«Bienaventurados los pobres en espíritu, porque de ellos es el reino de los cielos» (Mateo 5:3). Para ser llenados necesitamos estar vacíos. Es necesario que nosotros mismos seamos pobres en espíritu para poder ser llenados del Espíritu Santo. «Aunque llore sin cesar, del pecado no podré, justificación lograr. Solo en ti teniendo fe, deuda tal podré pagar».

> Porque así dijo el Alto y Sublime, el que habita la eternidad, y cuyo nombre es el Santo: Yo habito en la altura y en la santidad, y con el quebrantado y humilde de espíritu, para hacer vivir el espíritu de los humildes, y para vivificar el corazón de los quebrantados.
>
> ISAÍAS 57:15

Señor, yo en mí mismo estoy vacío, pero tú eres el todo suficiente. Gracias porque me llenas el corazón y me enriqueces en ti mismo.

El regalo que muchos no entienden — Diciembre 24

¿Quién puede agregar algo a la Navidad? El motivo perfecto es que Dios amó al mundo. El regalo perfecto es que dio a su Hijo único. El único requisito es creer en él. La recompensa de la fe es que tendrás la vida eterna.

> No envió Dios a su Hijo al mundo para condenar al mundo, sino para que el mundo sea salvo por él.
>
> JUAN 3:17

Señor, por medio de tu Espíritu Santo ayúdame a comprender más de la victoria y el gozo de tu venida a la tierra, de modo que pueda disfrutar de la Navidad como nunca antes.

Como los pastores — Diciembre 25

¡Feliz Navidad! Los pastores contaron a todo el mundo lo que había acontecido. Escucharon el mensaje de los ángeles, y vieron al niño recién nacido. ¿Qué hicieron? Lo repito: lo contaron a todo el mundo. Hagamos nosotros lo mismo.

> Y al verlo, dieron a conocer lo que se les había dicho acerca del niño. Y todos los que oyeron, se maravillaron de lo que los pastores decían.
>
> LUCAS 2:17-18

Padre, diste a los pastores la alegría de poder ser los primeros que adoraron en la tierra a tu Hijo y proclamaron la noticia de su nacimiento. Gracias porque nosotros también podemos anunciar ese importante mensaje. Honrará tu nombre y salvará almas por toda la eternidad. ¡Qué alegría!

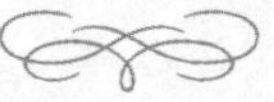

Haz lugar en la posada

Diciembre 26

Aunque Cristo naciera mil veces en Belén y no naciera en mí, yo seguiría perdida. No hubo lugar para Jesús en el mesón. ¿Hay un lugar para él en tu corazón?

¡Ven a mi corazón, oh Cristo, pues en él hay lugar para ti!

> De tal manera amó Dios al mundo, que ha dado a su Hijo unigénito.
>
> JUAN 3:16

Señor, enséñame a mí y a mi familia a gozar de la Navidad. Dame sabiduría para que pueda organizar mi trabajo y mi tiempo, de modo que halle cómo poder meditar acerca de tu inmenso amor, que demostraste cuando viniste a la tierra para morir y resucitar por los pecados de todo el mundo. Ayúdame a compartir estas verdades con la gente que me rodea.

Dios no se aleja

Diciembre 27

A veces no me parece estar tan cerca del Señor como antes. Yo sé quién se ha trasladado de sitio. No es el Señor, sino Corrie ten Boom. ¿Qué hago entonces? Se lo cuento al Señor que me ama. Me perdona y me limpia. Y la comunión resulta más íntima que antes.

> Conservaos en el amor de Dios.
>
> JUDAS 21

Gracias, Señor, porque sé que siempre estás conmigo. Hago mía tu promesa: «He aquí estoy con vosotros siempre».

El mejor trabajo — Diciembre 28

En Apocalipsis 22 leemos que sus siervos le servirán. Eso significa que el cielo es un lugar de servicio. Cuando pertenecemos a Jesús, somos ciudadanos del cielo, y nuestra perspectiva va mucho más allá de esta tierra. ¡Qué alegría saber que nuestro servicio al Señor continuará!

¿Temor a qué? ¿A entrar en el descanso del cielo, pero seguir sirviendo al bendito Maestro, pasando de un servicio bueno a un servicio mejor? ¿Temor a qué?

> Dios el Señor los iluminará; y reinarán por los siglos de los siglos.
>
> Apocalipsis 22:5

Gracias, Señor, por el ánimo que nos das al decirnos vez tras vez que nos espera un futuro mucho mejor.

Respira aire nuevo — Diciembre 29

¡Piensa en lo que será desembarcar y encontrarte en la playa celestial! Tomar una mano y descubrir que es la de Dios. Respirar un aire nuevo y encontrar que es celestial; sentirte fuerte y saber que es la inmortalidad; pasar por una tempestad hasta un lugar nuevo y desconocido; despertar bien y feliz y encontrarte en tu Hogar.

> Cosas que ojo no vio, ni oído oyó, ni han subido en corazón de hombre, son las que Dios ha preparado para los que le aman.
>
> 1 Corintios 2:9

Gracias, Señor, por lo que tú nos has dado a tus hijos: la vida eterna aquí y ahora, y el conocimiento de que nos espera un inefable gozo.

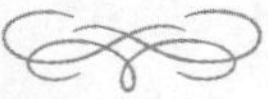

Dios se ocupa

Diciembre 30

> Antes, yo le pedía a Dios que me ayudara. Luego le pregunté si podía ayudarle a él. Terminé pidiéndole que hiciera su obra a través de mí.
>
> HUDSON TAYLOR

> Si Jehová no edificare la casa, en vano trabajan los que la edifican.
>
> SALMO 127:1

Gracias, Señor, que tú eres el constructor.

Cita en el cielo

Diciembre 31

Hemos conversado durante 366 días. En eéste, el último día del año, leamos lo que dice la Palabra de Dios en Filipenses 3:13,14, y en 1 Tesalonicenses 5:23.

> Hermanos, yo mismo no pretendo haberlo alcanzado; pero una cosa hago: olvidando ciertamente lo que queda atrás, y extendiéndome a lo que está delante, prosigo a la meta, al premio del supremo llamamiento de Dios en Cristo Jesús.
>
> Y el mismo Dios de paz os santifique por completo; y vuestro ser, espíritu, alma y cuerpo, sea guardado irreprensible para la venida de nuestro Señor Jesucristo.

Jesús fue Vencedor
Jesús es Vencedor
Jesús será Vencedor. ¡Aleluya!

Corrie ten Boom fue la primera relojera certificada de Holanda. Pasó diez meses en un campo de concentración nazi por haber ocultado a muchos judíos en la casa de su familia durante la Segunda Guerra Mundial. Durante una redada, ella y su familia fueron arrestados. Y en prisión perdió a su padre y a su hermana mayor. Su relato de lo que fueron esos días constituye su libro más famoso, *El refugio secreto*, que llegó al cine como película en 1975.

A los cincuenta y dos años, recién liberada de Ravensbrück, cerca de Berlín, Corrie dedicó su vida a transmitir el mensaje de la fe en Dios y el poder del perdón. En treinta y tres años recorrió sesenta y cuatro países incansablemente. La llamaban «la vagabunda del Señor», un título de afecto que se ganó de buena ley.

En 1977, a treinta y tres años del día en que los nazis la arrestaran, Corrie ten Boom alquiló una casa pequeña en Placentia, California, y se mudó allí. Tenía ochenta y cinco años. Trabajó escribiendo libros y en cortometrajes sobre la gratitud a Dios, la confianza en él, y la práctica y la experiencia del perdón.

Entre 1978 y 1983 sufrió una serie de ataques cardiovasculares que la dejaron paralizada y sin poder hablar. Murió el 15 de abril de 1983, día en que cumplía noventa y un años.

Foto cortesía de Dallas Baptist University Archives